병명과 증세별로 분류하여 처방한

무공해 치료식품

編譯/監修

洪文和
(약학박사/전 서울대교수)

姜月成
(월성한의원 원장)

 삼성서관

차례

제1장

순환기 질환

- 뇌졸중(중풍)
- 동맥경화
- 심근경색
- 부정맥
- 요통
- 숙취
- 고혈압증
- 뇌현화증
- 빈혈증
- 저혈압증
- 견비통
- 심장판막증

뇌졸중(중풍)

좋은 식품 : 무, 쇠비름, 검은콩, 새우, 뽕나무

뽕나무

증상

뇌졸중은 뇌의 혈관이 혈액순환의 급격한 고장에 의해 일어나게 되는 상태를 말한다.

뇌출혈이나 뇌연화나 대체로 발작상태는 거의 비슷하다. 뇌출혈의 경우 발작 전의 징조는 그다지 없고 두통이나 가벼운 현기증 정도이다.

치료

● 무생채를 현미에 섞어 압력밥솥으로 밥을 지어 그늘에 말린 차조기잎으로 만든 가루를 쳐서 상식하면 매우 효과가 있다. 실지로 1년가량 계속해서 먹고 뇌졸중에 의한 반신불수를 고친 실례가 있다.

● 밥 반찬으로는 쇠비름을 주제로 한 나물, 국, 된장찌개와 양파를 주제로 한 것이 매우 효과적이다.

● 검은 콩을 물로 푹 삶아서 즙을 낸 다음, 그 즙을 엿처럼 졸여서 수시로 조금씩 입에 넣어 준다.

● 새우 1근에 생강, 파, 된장을 함께 끓여 먹는다.

● 중풍예방에는 뽕나무 가지를 잘게 썰어 달여서 차대신 마신다.

동맥경화

옥수수밭

증 상

동맥경화가 일어나는 장소에 따라 나타나는 증상도 달라진다. 보다 많이 일어나는 뇌동맥의 경화증상은 현기증, 귀 울림, 머리가 무거워지며, 시력 및 청력의 저하 등, 신체적 장애와 함께 기억력이 저하, 계산력 감퇴, 감정의 불안정 따위의 정신적 장애가 나타나게 된다. 그리고 증상이 진행 정도에 따라 언어장애, 반신불수, 보행장애 등이 뒤따르게 된다.

치 료

◆ 오매, 레몬, 사과와 같은 신 과일이나 꿀, 로열젤리 등을 섭취하면 매우 효과가 있다.

◆ 두시(일명＝약전국)의 열매 20그램, 옥수수 알 50~60알, 검은 콩 15알을 함께 물로 달여 3~4회에 나누어 하루에 복용한다.

◆ 동맥경화 예방에는 다시마를 물에 깨끗이 씻어 말린 다음, 볶아서 가루를 만들어, 볶은 찹쌀가루와 같은 비율로 혼합하여 꿀로 콩알 크기의 환을 지어, 1회에 20 알가량을 물로 복용한다.

심근경색

증상

관상동맥에 장애가 일어나 혈액이 흐르지 못하게 되면 심근이 산소 결핍증에 빠지게 되는데, 이런 상태가 어느 정도 계속되면 심근이 죽어 버리고 만다(괴사). 이 때문에 일어나는 병이 심근경색이다. 협심증보다 한층 더 심한 발작이 길게 계속되면서 통증이 매우 심하다.

치료

● 꿀이나 로열젤리를 매일 조금씩 빨아 먹는다.

● 신 것이 유효하므로 식초(특히 사과식초가 좋다)를 10배의 물로 희석해서 하루 1~2회 마시면 유효하다.

● 푸른 솔잎을 한 줌 가량을 짓찧어 물을 부은 다음, 꼭 짜서 즙을 내어 세 번에 나누어 마신다.

● 오이의 전초(뿌리, 줄기, 잎)를 물로 달여 마신다. 생것이 없는 경우에는 한약 건재상에 가면 말린 것을 살 수 있는데, 마른 것도 유효하다.

● 양파로 먹기 좋게 여러 가지 음식을 만들어 먹는다. 양파에는 항의혈제의 성분이 함유되어 있어 많이 먹을수록 효과적이다.

부정맥

사과나무꽃

증 상

대개의 경우는 피로나 스트레스 같은 것으로부터 오는 일시적인 것으로서 얼마 동안 지나면 정상을 되찾게 되는 것이 보통이지만 갑상선 기능 항진증, 동맥경화증, 심장병 따위로부터 오는 수도 있으므로 맥의 난조가 1주일이 지나서도 여전히 계속 될 경우는 일차 의사에게 검사를 받아 보도록 하는 것이 좋을 것이다.

치 료

◐ 별꽃 잎과 줄기를 짓찧어 반 공기 가량 즙을 내어 차조기 잎 5~6매로 낸 즙을 타서 마시면 효과가 있다.
◐ 사과초를 주야로 환부에 바르면 1개월 후에 현저하게 효과가 나타난다.

요통

좋은 식품 : 결명자, 자라, 겨자, 가지, 염소 뼈

가지

증상

넓은 의미에서는 경완증후군에 준하는 것으로 축수, 특히 척추골의 요추에 원인이 있는 경우가 많다.(추간판「헤르니아」등) 또 신장이 나쁜 경우에도 통증이 있으므로 정형외과에서 이상이 없을 때는 내과에서 검사를 받아 볼 필요가 있다. 정신적인 것이 원인인 경우도 흔하므로 가면을 쓴 꾀병이라고도 한다.

치료

◗ 결명자 10g과 뽕나무가지 잘게 썰은 것 15g을 함께 300cc의 물로 반량이 되게 달여 차 대신 마신다.

◗ 자라 껍데기를 볶아 가루를 내어 술에 1숟가락씩 타서 1일 2회 복용한다.

◗ 가지가 달린 전체 한 그루의 가지 묘를 뽑아서 불에 태운 다음 가루를 만들어 1회 2돈씩 따뜻하게 데운 술을 복용하면 유효하다.

◗ 겨자 가루를 물에 개어 붙이면 즉효이다.

◗ 염소 등뼈를 자주 고아 먹거나 염소 콩팥을 불에 구워 먹으면 유효하다.

숙취

무화과나무

증 상

그대로 내버려두어도 별다른 탈은 없는 것이지만 그래도 너무 고통스러울 때는 알코올이 폐나 피부를 통해서 몸 밖으로 발산하도록 돼있기 때문에 의복을 벗고 통풍이 잘 되는 곳에서 바람을 쏘인다.
혈중의 알코올 농도를 낮추기 위하여 수분, 특히 혈관을 확장시켜 혈액순환을 촉진케 해주는 차 같은 음료를 마신다.

치 료

- 팥을 삶아서 아무것도 가미하지 말고 먹으면 속이 울렁거리는 증세라든가 헛구역질 같은 것이 가라앉는다.
- 무즙이나 연근즙을 마시면 효과가 있다.
- 감이나 무화과를 먹으면 술이 속히 깬다.
- 꿀물을 한 컵 가량 마시면 속이 시원해진다.
- 결명자를 진하게 달여 마신다.
- 검은 콩 1홉에 물 3홉이 되게 붓고 1홉이 되게 달여 3~4회에 나누어 마시면 풀린다.

고혈압증

삼백초

증 상

일반적인 자각증상은 두통, 머리가 무겁다. 어깨가 뻐근하다, 현기증이 난다, 가슴이 두근거린다, 숨이 가빠진다, 귀울림 따위인데 이런 경우의 고혈압증은 과로, 근심, 스트레스 따위가 원인이 되어 일시적으로 혈압이 올라가는 일이 많고 「기능성고혈압증」으로 불리고 있다.

치 료

◐ 결명자와 삼백초 각 10g을 함께 물로 달여 차 대신 마신다.

◐ 솔잎 50개가량을 깨끗이 씻어 1cm 길이로 잘라서 짓찧은 다음, 2술잔(작은 잔) 가량을 물에 붓고 짜서 매일 공복에 3회씩 복용하면 매우 효과가 있다.

◐ 감나무 잎을 달여서 매일 차 대신 마신다. 떫은 감으로 즙을 내어 무즙을 타서 마신다. 처음에는 하루 10g 가량을 마시고 병세에 따라 차차 양을 늘린다.

◐ 혈압이 높아지면서 신열이 날 때에는 미나리로 생즙을 내어 마시면 효과가 있다.

뇌연화증

뽕나무

증상

뇌연화증은 뇌졸중 가운데 한 타입으로 뇌 속의 혈액
순환이 나빠지든가, 또는 정지하게 됨으로써 그 부분
의 뇌가 변질 연화하는 병을 말한다. 보다 확실하게 나
타나는 증상으로는 발작 수일 전, 때로는 발작 전날부
터 서서히 지각·율동, 언어 등에 장애가 나타나는 일
이 많으며, 발작도 서서히 닥쳐올 뿐만 아니라 발작 후
에는 운동장애도 점차 그 범위가 넓어지면서 백치처럼
되어 버리는 수가 있다.

치료

❍ 달걀 1개를 식초에 타서 매일 마신다.

❍ 송엽주나 송실주 또는 오매로 차를 달여 매일 수시
로 조금씩 마시면 유효하다.

❍ 뽕나무 수염뿌리를 달여 차대용으로 장복한다.

❍ 잘 익은 개다래나무의 열매를 끓는 물에 잠깐 담갔
다가 꺼내어 말린 다음, 1일 10g씩 물로 달여 마신다.

❍ 뽕나무 가지를 잘게 썰어 차대용으로 달여 마시면
효과가 있다. 평소에 마시면 중풍예방도 된다.

빈혈증

좋은 식품 : 달걀, 오징어, 굴, 해삼, 시금치, 부추, 마늘

마늘밭

증상

혈액 속에 들어 있는 적혈구(붉은 비톨)가 감소되어 있는 상태를 빈혈이라고 한다. 빈혈의 원인은 여러 가지로 생각할 수 있으나, 그 대부분은 적혈구의 혈색소(헤모글로빈)가 부족한 때문이다. 안색이 창백하고, 현기증이나 숨이 차기 쉽다. 두통과 미열이 나기 쉬우며, 가슴이 두근거리는 수가 많다. 손발이 붓고, 뇌빈혈을 일으키기 쉽게 된다.

치료

❍ 철분이나 단백질, 비타민 등을 많이 함유하고 있는 버터, 달걀, 육류, 오징어, 굴, 시금치, 부추, 마늘, 당근, 귤, 딸기, 레몬, 사과, 가막 조개 같은 것을 많이 먹는다.

❍ 동물의 간 중에서도 특히 쇠간을 무즙이나 무채에 곁들여 먹으면 유효하다.

❍ 선짓국도 좋다.

❍ 당근을 갈아서 그 즙을 계속 마시면 유효하다.

❍ 상추쌈을 많이 먹으면 효과가 있다.

저혈압증

좋은 식품 : 생강, 구기자, 알로에

생강밭

증 상

혈압이 낮다는 것만으로는 병이라고 할 수 없다. 중년 이후에는 오히려 혈압이 낮음으로서 여러 가지 장해가 일어나는 경우를 말한다.

때때로 현기가 나고, 피로해지기 쉬우며, 두통이 난다. 가슴이 두근거리고 귀 울림이 있으며 불면권태감, 흉부 압박감 등이 있고 또 만성적인 위장장애(식욕부진, 구역질, 변비, 복통)도 적지 않다.

치 료

◉ 찬을 장만할 때 특별히 생강을 많이 넣어서 먹고 생강차를 자주 마시면 효과가 있다.

◉ 구기자 잎이나 알로에 잎을 달여 차대용으로 마시면 유효하다.

견비통

당근밭

증상

심장병이나 위장병 같은 내장의 병으로부터 오는 일도 있으나 대개는 과로로 인한 단순한 근육통으로 당기는 듯하면서 무거운 감이 든다.

치료

◑ 수선뿌리를 짓찧어서 초를 약간 넣고 밀가루로 반죽을 하여 문창호지에 두껍게 편 다음 결리는 곳에 붙이면 낫는다.

◑ 견비통이나 근육통에는 모래찜질을 하면 유효하다.

◑ 무를 갈아서 소금을 약간 넣고 헝겊에 싸서 결리는 곳에 놓아주면 유효하다.

◑ 꽈리(열매)를 짓찧어서 발라도 유효하다.

심장판막증

대추나무

증 상

심장의 판막이 어떤 원인에 의해서 두껍게 굳어져서 때로는 한쪽으로 쏠려 개폐작용을 잘 못하게 되든가, 또는 그 부분이 좁아지든가 하는 병이 심장판막증인데, 선천적인 것과 후천적인 것이 있다.

처음에는 이렇다 할 자각증상은 나타나지 않고 대상이라해서 심장 자신이 적당히 처리해 넘겨 버린다. 그런데 문제는 그 적당한 처리가 다른 부분의 심근을 혹사시키게 됨으로써 심장이 비대해져 버리는 것이다. 그렇게 되면 조금만 운동을 해도 계단을 오르는 정도로도 가슴이 뛰면서 숨이 끊어질 것 같은 느낌이 들게 된다.

치 료

❍ 당근과 사과를 갈아서 함께 즙이나 연근 즙을 매 시간마다 1공기씩 마시면 심장의 움직임이 활발해지게 됨으로 매우 유효하다.

❍ 마를 찌든가 삶아서 매 식사 때마다 빠뜨리지 말고 먹으면 며칠 내로 효과가 나타난다.

❍ 신나리 뿌리를 상식하는 것도 유효하다.

31

◑ 달개비를 그늘에 말려 하루 양으로 15g을 물로 달여 마시든가, 생식도 가능하므로 된장에 찍어서 먹으면 유효하다.

◑ 보리수나무 잔가지를 말려 1일량 20g을 물로 달여 마시면 효과가 있다.

◑ 호두 알맹이 20개, 씨를 뺀 대추 20개, 꿀 2스푼을 함께 짓찧어서 꿀을 넣고 고약처럼 졸여서 매회 3숟갈씩 술로 먹으면 매우 유효하다.

제2장
비뇨기과 질환

방광염

좋은 식품 : 감, 참깨, 말오줌나무, 꿀풀, 해바라기

해바라기

증 상

통증이 있고, 소변이 잦으면서도 탁한 것이 특징이다. 대개의 통증은 소변을 볼 때, 또는 소변이 끝날 무렵에 찌르는 듯한 아픔이다. 소변이 자주 마렵게 되는 것은 방광점막이 세균에 의해 자극을 받게 되어 방광의 용적이 줄어들게 되기 때문이다. 병세가 악화하여 방광점막으로부터 출혈을 하게 되면 오줌이 팥죽처럼 된다.

치 료

◐ 곶감 5~6개에 검은 깨 4g을 넣고 350cc의 물로 반량이 되게 달여 3회에 나누어 하루에 마신다. 곶감이 없으면 보통 감도 무방하다.

◐ 방광의 모든 질병에는 매일 참깨를 조금씩 먹으면 좋다.

◐ 말오줌나무 전초 한 줌을 물로 달여 차 대신 자주 마시면 효과가 좋다.

◐ 꿀풀 꽃을 달여 마시면 오줌이 기분 좋게 나온다.

◐ 해바라기씨를 볶아서 물로 달여 차대용으로 상음하면 효과가 있다.

전립선비대증

좋은 식품 : 콩, 깨, 야채, 토마토

토마토밭

증 상

우선 비뇨 곤란이 큰 특징이다. 배뇨를 하려고 해도 나오기 시작할 때까지 비교적 시간이 걸리고, 또 끝날 때까지도 시간이 걸린다. 소변의 줄기는 가늘고 힘이 없으며, 배뇨 횟수도 잦고 야뇨증이 따르는 수가 많다.

치 료

◉ 현미 채식요법이 매우 효과적이다. 현미로 지은 밥을 주식으로 하고 부식은 녹색 야채를 취한다. 식사량은 8분 이하로 하고 단백질, 지방은 콩류, 깨, 식물유 등으로부터 얻는다.

◉ 냉수로 목욕을 할 때 국부에 냉수를 끼얹는다. 적어도 1개월 이상 꾸준히 계속해야 효과를 볼 수 있다.

◉ 국부의 혈액순환을 좋게 해줌으로써 부기가 빠진다. 조석으로 하루에 두 번씩 매일 꾸준히 한다.

◉ 토마토를 장기적으로 먹으면 효과적이다.

임질

좋은 식품 : 아가위, 머루, 무화과, 곶감, 미나리, 참깨

미나리밭

증상

성교 후 2~8일 간의 잠복기간이 지난 다음, 요도가 근질근질 하면서 젖빛처럼 뿌연 고름이 나오다가 차차 농도가 진한 것으로 변한다. 배뇨시나 발기시에는 요도에 심한 통증을 느끼게 되지만 합병증이 없는 한 3~4주 후에는 대개 가라앉게 된다.

치료

◐아가위를 태워 가루로 하여 꿀로 환을 만들어 1회 8돈중씩 1일 3회 공복에 백비탕으로 복용한다.

◐머루즙 3홉에 꿀 1홉을 혼합하여 공복에 마신다.

◐무화과나무 뿌리를 달여 마시면 유효하다.

◐곶감 1근을 5홉의 물로 삶아 차 대신 하루에 수시로 마신다. 6~7일간 계속 마시면 낫는다.

◐생 미나리의 가운데 줄기만으로 짓찧어서 즙을 낸 다음 1공기씩 하루 2회 장복하면 유효하다.

◐호두알을 갈아서 쑨 호두죽을 상식하면 유효하다.

◐참깨를 짓찧어 좁쌀에 넣어 좁쌀죽을 쑤어 먹으면 낫는다.

빈뇨

고비

증상

보통 사람의 배뇨 횟수는 1일 5~7회, 밤에는 0~1회이다. 그 이상으로 배뇨가 있을 때에는 일단 빈뇨라고 부른다. 원인은 신경성인 것 외에도 다뇨증, 염증이나 결석으로 인한 방광자극상태, 노화 같은 것에 의한 방광 용적의 감소, 전립선비대, 요도협착에 의한 요배설 장해 따위의 병에 의하는 수도 있다.

치료

◑ 은행을 1일 6~7개씩 불에 구워 먹으면 효과가 있다.
◑ 인절미(팥고물 무친 것이면 더욱 좋다)를 설탕 없이 취침 전에 1~2개 먹고 자면 밤중에 소변보는 일이 없게 된다.
◑ 고비를 진하게 달여 마시면 매우 효과적이다.
◑ 수탉의 날개를 태워서 만든 가루를 술에 타서 1숟가락씩 마시면 효과가 있다.
◑ 호두 4~5개를 매일 취침 전에 먹으면 유효하다.
◑ 은행 알 7개는 생으로 7개는 구워서 먹는다.

급성신염

해바라기싹

증상

목이 아프면서 열이 난 다음, 10~20일 정도 지나면 열이 내리면서 아팠던 목도 낫는다. 하지만 몸은 여전히 나른하고 허리가 아프든가 피로해지기 쉽다. 또 목이 마르든가, 식욕이 없어지든가, 아침에 일어 났을 때 눈두덩이 부어 있는 일이 많다. 그 부증은 전신으로 퍼지고 동시에 혈압이 오르던가, 단백뇨나 혈뇨가 나오는가 하면, 요량이 급격히 줄어들기도 한다.

치료

◐ 갈대 뿌리를 생으로 15~20g을 350cc의 물로 반량이 되게 달여 1~2회에 나누어 마시면 열, 부기, 진한 뇨에 효과가 있다.

◐ 해바라기 씨를 볶아서 달여 차 대신 자주 마시면 효과가 있다.

◐ 가물치 1근을 동아와 파를 넣고 죽을 자주 끓여 먹으면 효과가 있다.

◐ 살아 있는 우렁이를 짓찧어 발바닥 중심에 붙이고 붕대를 감아 두면 유효하다.

신장결석

좋은 식품 : 매실, 레몬, 꿀, 석위, 율무

율무밭

증 상

신장내의 내압이 높아지기 때문에 찌르는 듯한 통증이 하복부에 일어난다. 이것을 신산통이라고 하며, 심할 때는 진땀을 흘리면서 방바닥을 쥐어뜯을 정도로 아픈 것이다. 이런 산통은 10여분이 지나면 가라앉게 되지만 결석이 있는 한 통증은 반복해서 일어나는 것이 보통이다.

치 료

◐ 알칼리성 식품인 매실이나 레몬을 1일 1개씩 계속해서 먹으면 효과가 있다.

◐ 꿀로 여러 가지 음료를 만들어서 마시면 유효하다.

◐ 석위 잎을 달여 마시면 오줌이 잘 나오게 되면서 요로의 결석에도 유효하다.

◐ 율무 알맹이나 잎 또는 뿌리를 달여 1일 3회씩 장기간 복용하면 유효하다.

신맹염

좋은 식품 : 결명자, 개옻나무, 말오줌나무, 옥수수수염

참옻나무

증 상

갑자기 한기를 느끼게 되면서 몸이 떨리고 38~40도의 고열이 난다. 배뇨횟수나 소변양이 많아지고 단백이 섞인 탁한요가 나온다. 열은 2~3일 지나면 서서히 내려가게 되는데, 이때 적절한 치료를 해두지 않으면 발열을 되풀이 하면서 악화할 우려가 있다.

치 료

◐ 결명자 25g과 개옻나무잎 20g을 함께 500cc의 물로 3분의 2가량 줄 때까지 달여 4회로 나누어 하루에 다 마신다.

◐ 말오줌나무잎 20g · 결명자 25g · 옥수수수염 4g을 함께 500cc의 물로 3분의 2가 되게 달여 4~5회에 나누어 하루에 마시면 매우 효과가 있다.

만성신염

좋은 식품 : 수박, 쇠뜨기풀, 옥수수수염, 비파나무, 율무

비파나무

48

증 상

처음부터 만성신염으로 일어나는 경우는 초기엔 전혀 자각증상이 없다. 병이나 그밖에 체력이 저하했을 때 부기가 나타남으로 비로써 알게 되는 수가 많다. 부기가 심해지기도 하고 없어지기도 한다. 병이 진행되면 혈압이 오르고, 안색이 나빠지며, 눈이 몽롱해지고 동계가 일어나고, 숨이 가빠진다. 또 야간다뇨라고 해서 밤에 몇 번씩 소변을 보게 된다.

치 료

◐ 수박을 먹으면 그 당분의 작용으로 요가 잘 나오게 된다.

◐ 뱀밥(쇠뜨기)을 데쳐서 나물로 먹든가, 또는 그늘에 말려 하루 6g 가량을 달여 차 대신 마시면 효과가 있다.

◐ 노나무의 열매(씨)나 잎 10g 가량을 달여서 하루에 마신다.

◐ 옥수수수염을 그늘에 말려, 한 줌 가량을 900cc의 물로 반량이 되게 달여 차 대신 마시면 부기가 빠지면서 효과가 난다.

○ 비파나무 잎을 달여 1일 10g 가량씩 마시면 효과가 있다.

○ 율무 알을 오랫동안 달여서 마시면 유효하다.

○ 당근씨 12g을 3홉의 물로 반량이 되게 달여 세 번에 나누어 하루에 마신다.

○ 검정콩 1홉에 감초 1돈중을 넣고 달여서 아침, 점심, 저녁 세 차례에 나누어 마시면 효과가 있다.

제3장
소화기 질환

위경련

좋은 식품 : 달걀 껍질, 치자, 마늘, 모과, 복숭아

모과나무

증상

위경련은 속칭 가슴앓이라고 하는데, 여성에게서 흔히 볼 수 있다. 배의 위쪽 부분이 발작적으로 몹시 아프면서 경련을 하는 것과 같은 상태로 된다. 일시적인 경우 이외에도 버릇이 되어 몇 번이고 되풀이 하는 수도 있다.

치료

● 달걀 껍질을 불에 구운 다음, 가루를 만들어 복용하면 즉효하다.

● 소금물을 발작과 동시에 벌컥 벌컥 마시고 위 속에 든 것을 토해낸 다음, 하루 동안 단식한다. 물을 마셔도 무방하다. 그 다음 날은 묽은 죽을 먹고 차차 보통 음식으로 갈아 먹는다.

● 치자를 부셔서 물에 담근 다음, 우러난 치자 물을 마시면 효과가 있다.

● 마늘 생즙을 2작가량 마시면 신효한다.

● 초에 소금을 약간 넣고 달여 마시면 매우 효과가 있다.

● 모과나무 잎과 가지를 달여 마시면 효과가 있다.

● 향유를 달여 마시면 휴효하다.

급성위염

민들레

54

증 상

우선 기분이 좋지 않으면서 위 언저리가 무지근하고, 통증이 있고, 구토를 하기도 한다. 또 두통이 나는 수가 많으며 때에 따라서는 오한이 일어나는 경우도 있다.

치 료

⊕ 무를 강판에 갈아서 그 즙을 조석으로 60cc 가량을 나올 때까지 복용한다.

⊕ 그늘에 말린 이질풀 한 줌을 350cc의 물에 넣고 반으로 줄을 때까지 달여서 차 대신 수시로 마신다.

⊕ 그늘에 말린 자주쓴풀 20g을 300cc의 물에 넣고 3분의 1 양으로 진하게 달여서 한 번에 마신다.

⊕ 민들레 뿌리를 꽃이 피기 전에 캐서 말려둔 것을 잘게 썰어 10g 가량을 300cc의 물에 넣고 절반으로 양이 줄을 때까지 달인 다음, 수회로 나누어 하루에 다 마신다.

⊕ 묵은 멥쌀을 태워 재를 만든 다음, 꿀을 타서 마시면 즉효하다.

⊕ 모과 1냥을 달여 마신 다음, 그 즙을 푸른 헝겊에 적셔 발바닥에 감는다.

만성위염

좋은 식품 : 생강, 파, 무, 질경이, 연근, 자주쓴풀

질경이밭

증상

이것은 만성적으로 위가 염증을 일으키고 있는 병인데, 증상이 나타나지 않을 때도 있지만, 보통은 속이 그득하면서 거북하든가 또는 쓰리다든가 하는 것이 주된 증상이다. 위염이 어떤 형으로 일어나 있는가에 따라 그 증상도 다르다. 위 점막의 표층이 염증을 일으키고 있을 때는 위의 기능은 그다지 저하돼 있지는 않을 것이다.

치료

◐ 해묵은 생강을 질남비로 볶아 이것을 다시 약탕관이나 주전자에 옮겨 물을 붓고 달인다. 얼마간 졸아 들었을 때 불에서 내린 다음, 흑설탕을 약간 넣고 차 대신으로 자주 마신다. 1~2주일 계속하면 효과가 나타난다.

◐ 파를 3cm 정도로 썰어서 식사 때마다 생으로 된장에 찍어 먹는다.

◐ 무생채를 식사 때마다 많이 먹는다. 무에는 소화를 돕는「디아스타제」가 많이 들어 있다.

◐ 위 출혈에는 연근즙을 수시로 복용한다.

위하수

좋은 식품 : 석결명, 이질풀, 자주쓴풀

이질풀

증 상

위하수는 글자 그대로 위가 아래로 처져있는 상태를 말하는데, 서있는 자세로 배를 내려다 보면 명치는 들어가고 아랫배쪽은 불룩하게 나온다. 합병증이 있어 위에 장애를 일으키면 식욕부진이 되면서 위에 압박을 받는 듯한 통증을 느끼게 된다. 통증은 가벼운 불쾌감 정도의 것에서 매우 심한 것까지있는데 공복일 때 보다도 식후에 통증이 오는 경우가 더 많다.

치 료

◑ 석결명과 이질풀 각 20g씩을 700cc의 물에 넣고 3분의 2 양으로 물이 줄을 때까지 달여서 하루 세 번으로 나누어 차 대신 마신다.
◑ 자주쓴풀의 전초 5~6본을 열탕에 넣고 휘저어 낸 다음 식혀서 1공기 가량 마신다.

설사

좋은 식품 : 연근, 부추, 달걀, 파 뿌리, 매실, 이질풀, 쑥

쑥

증 상

설사도 그 정도의 차이가 여러가지이다. 하루 한 두번의 죽처럼 묽은 것이 있는가 하면, 이 삼십번씩 화장실 출입을 하면서 물과 같은 변이 나오는 것도 있다. 급성과 만성이 있는데 급성인 경우가 그 증상이 더욱 심하다.

치 료

⊙ 연근즙이나 연근에 소금을 넣고 달여 마시면 낫는다.

⊙ 부추와 달걀을 함께 데쳐서 먹는다.

⊙ 흰 파뿌리를 달여 마시든가 현미로 함께 죽을 쑤어 먹으면 효과가 있다.

⊙ 매실 액기스를 조금 물에 타서 마신다.

⊙ 그늘에 말린 이질풀 20g을 300cc의 물로 반량이 되게 달여 마시면 만성적인 설사도 즉시 멎게 된다.

⊙ 생 쑥으로 즙을 내어 마시면 유효하다.

⊙ 감나무 꽃을 태워서 밥풀로 환을 지어 하루 3번 복용한다.

⊙ 하지 전후에 채집한 마를 밥솥에 쪄서 하루 세 끼 1회에 한 개 정도씩 먹는다.

변비

좋은 식품 : 꿀, 레몬, 매실, 다시마, 결명자, 당근, 사과

당근밭

증상

운동부족, 식사의 불균형(주로 섬유질 부족일 때) 스트레스 등이 원인이 되어 일어난다. 태어날 때부터 장이 길어서 변비가 되기 쉬운 사람도 있다.

치료

❍ 꿀을 1회에 차 숟갈 하나씩 공복에 먹는다.

❍ 아침마다 일어나는 즉시 레몬 1개나 또는 매실 1개를 먹는다.

❍ 석냥갑 크기의 다시마를 냉수에 담가 두었다가 물과 함께 먹는다.

❍ 결명자 20g을 700cc의 물로 색이 진하게 될 때까지 달여 하루 3회로 나누어 마시면 이튿날은 틀림없이 통변이 가능하다.

❍ 현미를 주식으로 삼는다. 현미의 분겨에 들어 있는 섬유질이 장의 연동운동을 촉진케 하므로 통변이 확실하다.

❍ 당근과 사과를 갈아서 매일 아침 공복에 반공기씩 1개월간 먹으면 만성변비도 완쾌된다.

황달

좋은 식품 : 미나리, 율무 뿌리, 수세미외, 민들레, 우렁이

민들레

증 상

담즙 속에 들어 있는 색소가 다량으로 혈액 속에 함유하게 됨으로써 피부나 점막 등이 노랗게 물드는 상태를 황달이라고 한다.

치 료

◐ 미나리 생즙이나 삶은 즙을 1일 3회 1공기씩 마시면 유효하다.

◐ 율무 뿌리 달인 물을 차 대신 자주 마시면 매우 효과가 있다.

◐ 수세미의 씨를 볶아서 만든 가루를 1회 2돈중씩 하루 3회씩 물로 복용하면 유효하다.

◐ 민들레 전초를 짓찧어서 즙을 내어 하루 15~20g씩 복용하면 유효하다.(각기수종 · 자궁병 · 천식거담 · 식중독 등에도 높은 효과가 있다.)

◐ 사철쑥을 달여 1일 15~20g을 마셔도 특효하다.

◐ 복숭아나무 뿌리 한 줌을 3홉의 물로 진하게 달여 공복에 수시로 마시면 매우 효과가 있다.

◐ 바지락 조개를 많이 삶아 먹으면 효과가 있다.

복통

66

증 상

배앓이는 배를 차게 하거나 변비, 설사, 식중독, 충수염 따위가 원인이 되어 일어나게 된다. 가벼운 통증으로부터 심한 복통 등 통증의 차이는 여러가지이다. 그 통징이 일어난 시기, 계속 중의 상태, 아픈 곳이나 또는 중심점, 성질(쑤시는 듯한 통증, 둔탁한 통증) 심한 정도 등을 파악해두는 것이 중요하다.

치 료

○ 사과를 갈아서 하루 반 개 가량 먹는다.

○ 매실이나 레몬 등을 먹어도 좋다.

○ 엿기름을 달여 마신다.(체했을 때)

○ 쑥으로 생즙을 내서 마신다.

○ 작약 5돈중, 감초 3돈중을 2홉의 물로 반이 되도록 달여 마시면 심한 복통에도 잘 듣는다.

○ 파를 3cm 정도로 썰어서 기름에 데친 다음, 헝겁에 싸서 배를 찜질하면 통증이 멎는다.

○ 후추탕에 흑설탕을 넣고 잘 저어서 마시면 유효하다.

○ 수세미외로 만든 재를 술에 복용하면 낫는다.

토혈

마늘밭

68

증상

위(胃)로부터의 출혈을 말하는데 위 속에 있는 음식물은 물론, 위액까지 수반하여 다량의 검은 피를 토하게된다. 안정을 하면서 위국부를 차갑게 해주어야 한다는것은 이미 상식에 속하는 일이지만, 토혈에는 무엇보다도 필요한 조치는 수혈이다.

치료

◐다시마 달인 즙을 마시면 유효하다.

◐연근 즙을 1술잔씩 마시면 유효하다.

◐검은 콩을 진하게 달여 마신다.

◐마늘을 굽거나 생으로, 또는 달여 먹으면 매우 효과가 있다.

◐무화과를 날로 먹는다.

◐부추에 소금을 넣고 익혀서 먹는다.

◐자두꽃으로 즙을 내어 마시면 효과가 있다.

◐무를 굴에 찍어 먹으면 효과가 있다.

◐우엉생즙을 술잔으로 1공기를 마시면 속효하다.

◐구기자 전초를 열매와 함께 진하게 달여 마신다.

구토

좋은 식품 : 귤, 사과, 소다, 남천초, 매화꽃, 녹두, 뱀장어

증상

충수염(맹장염), 식중독, 위염 따위 이외에도 심리적인 불쾌감에서 구토증이 일어나는 경우가 있다. 이것은 일종의 거절반응인 것이다.

치료

⊙ 귤이나 사과즙을 천천히 마신다.

⊙ 중조(소다)나 우유(설탕을 약간 가미)를 먹는다.

⊙ 남천초 잎이나 열매 2~3개를 씹어 그 즙을 삼키면 유효하다.

⊙ 그늘에 말린 매화꽃을 가루를 내어 복용하면 심한 구토증이 즉시 멎는다.

⊙ 매실「액기스」를 조금 마시면 위염이나 식중독에 의한 구토증에 유효하다.

⊙ 녹두가루를 달걀 흰자위로 개어 발바닥에 붙이면 즉효하다.

⊙ 곶감을 밥에 쪄서 매일 먹으면 낫는다.

⊙ 팥 삶은 즙을 마시면 즉효이다.

⊙ 뱀장어를 구워 먹으면 유효하다.

입냄새

좋은 식품 : 찻잎, 남천촉, 석류, 솔잎, 구기자 뿌리, 이질풀

석류나무

증상

충치, 치조농루, 축농증, 위염 따위 이외에도 일반적으로는 잘 알려져 있지 않은 장의 이상발효에 의한 입냄새와(이 경우는 소화효소제가 유효하다.) 선천적인 구취증도 있다.

치료

⊙ 찻잎을 생으로 조금씩 씹으면 냄새가 안난다.

⊙ 마늘이나 부추를 먹어서 나는 냄새에는 남천촉의 잎을 달여 마신다.

⊙ 석류열매나 잎의 즙으로 하루 3~4회 입을 행군다.

⊙ 솔잎 대여섯개를 씹어도 유효하다.

⊙ 구기자 뿌리의 껍질을 적당히 달여 그 즙으로 입을 헹궈내면 유효하다.

⊙ 대체로 엽록소가 짙은 잎을 씹으면 입 냄새가 가시는 효과가 있다. 엽록소에는 탈취 작용을 하는 힘이 있다는 것을 최근의 연구에 의해 알게 됐다.

⊙ 입안이 허는 데는 이질풀 한줌을 3홉의 물로 반이 되게 달여 이 즙으로 양치질을 하면 속효하다.

치질

무화과나무

증 상

치질이라는 것은 항문 주위에 일어난 병의 총칭인데, 자각증상으로서는 가벼운 통증이나 이물감 같은 것 뿐이지만, 통증이 특히 심해지는 경우가 있다. 이것은 치핵이 염증을 일으키든가, 내치핵이 항문 밖으로 빠져나와 조여지기 때문에 일어나는 통증이다.

치 료

▶ 무화과열매를 하루 3~4개 먹으면 효과가 있다. 잎이나 열매에서 나오는 하얀 즙을 탈지면에 묻혀 환부에 바른다.

▶ 급성으로 출혈이 심할 때에는 머리털을 깨끗이 씻어 태운 다음 가루를 만들어 참기름에 개서 환부에 바르면 유효하다.

▶ 치질충혈에는 말린 쑥 잎 20g과 말린 생강잎 10g을 함께 물로 달여서 세 번에 나누어 하루에 마신다.

▶ 치질로 하혈할 때는 곶감을 태워 가루로 하여 1회 2돈씩 물로 복용하면 유효하다.

담석증

대추나무

증상

지방질 음식물, 특히 동물성 지방을 먹었을 때는 담즙의 분비량이 늘어나게되므로 이때 밀려서 흘러나오는 돌이 담관에 걸려, 오른쪽 위 가슴으로부터 등 가운데에 이르기까지 「통증의 왕」으로 불리 울 정도의 격렬한 통증을 일으키게 된다.

치료

◑ 무생채와 참외를 매일 먹으면 좋다.

◑ 건매실 큰 것 1개에 생강즙을 넣고 녹차 달인 물을 500cc 가량 마시면 통증이 가라앉는다.

◑ 개자를 갈아서 통증이 있는 곳에 찜질을 하면 통증을 멈출 수가 있다.

◑ 잘 익은 대추를 밥에 쪄서 말렸다가 1일 10~20개씩 물로 달여 마시면 유효하다.

◑ 무화과 열매를 먹어도 효과가 있다.

◑ 호두 1되를 현미로 쑨 죽 1되에 혼합하여 3~4회로 나누어 하루에 먹으면 즉시 낫는다.

위암

가지나무

증 상

위암 치료에 가장 중요한 것은 초기 발견이다. 그런데 곤란하게도 위암 특유의 증상을 현재로서는 분명하게 잡아 낼 수가 없다는 것이다. 갑자기 체중이 준다든가 식사량이 준다든가 음식물에 대한 기호가 변한다든가 하는 수가 있다. 하지만, 이런 일을 위암의 경우에서도 흔히 볼 수 있는 증상이다.

치 료

❍ 율무는 사마귀를 떼는 약인데, 소량의 감초와 함께 달여서 마시면 효과가 있다.

❍ 그늘에 말린 번행초 한 줌을 2홉의 물로 달여 마시면 위장이 튼튼해지며, 또 위암을 예방해 준다.

❍ 청주 1되를 무쇠 솥에 붓고 끓인 다음, 1자 가량의 잉어 1마리를 산채로 넣고 자주 뒤적거리면서 약한 불로 6시간 가량 졸여서 잉어찜을 만든다. 이것을 하루 세 번씩 1주일에 다 먹는다.

❍ 순채를 약탕관에 넣고 약 5배의 물로 달여 반량으로 졸인 다음, 반잔 정도씩 데워 2시간마다 마신다.

위산과다증

귤나무

80

증 상

위산과다 상태란 위산이 지나치게 분비돼 있는 것을 말한다. 이 병에서 특히 현저한 자각증상은 가슴이 타는 듯이 쓰리고 아프다. 가슴이 쓰리면서 타는 듯한 느낌이 들며 위 언저리가 기분이 좋지 않다. 그런가 하면 때때로 시큼한 물이 올라오기도 하며 트림도 난다. 위에 통증이 있을 수도 있다.

치 료

⊙ 다시마를 씹고 있으면 가슴 쓰린 것이 가라앉는다.

⊙ 무즙과 소금이나 간장을 넣고 끓인 녹차를 부은 다음, 2~3공기 마신다.

⊙ 말린 가다랭이를 씹을 때 생긴 침을 삼키면 효과가 있다.

⊙ 사과, 귤, 레몬, 오렌지 따위의 즙을 식후에 마시면 좋다. 과즙에 함유된 신맛이 위산분비를 억제해주기 때문이다.

⊙ 결명자와 이질풀을 각 5돈쭝씩 4홉의 물로 3홉이 될 때까지 달여서 차대신 자주 마신다.

위통

생강밭

증 상

위의 통증은 여러 가지 병에 의해서 일어나게 되므로 이것을 고치기 위해서는 그 원인이 되는 본병을 가려 내어 그에 적합한 치료를 해야만 한다.

치 료

◐ 생강을 돼지 순대 속에 넣어서 삶아 먹으면 효과가 있다.

◐ 돼지 쓸개 1개에 향부자 3돈쭝을 넣고 태워 가루를 만들어 두 번에 나누어 물로 마신다.

◐ 쑥 잎을 넣고 달인 탕으로 목욕을 하면 유효하다.

◐ 녹두알 21개, 후추알 14개를 함께 갈아 백비탕에 타서 마시면 즉효하다.

◐ 굴조개 껍데기를 태워 가루를 만들어 물로 복용한다.

간염

좋은 식품 : 감초, 약쑥, 칡뿌리. 가막조개, 우렁이, 대황

칡덩굴

증 상

황달을 수반하는 간장에서 가장 많은 것은 급성간염이다. 우선 열이 나는 수가 많다. 기운이 없으며, 몸이 나른하고, 식욕이 떨어지고, 구토증이나 복통이 일어난다. 이런 증상이 2~3일 가량 계속된 다음에 갑자기 피부와 눈이 노래지며 오줌 빛깔도 진해진다. 이때 간장도 약간 부어올라서 늑골 밑을 누르면 아프다.

치 료

◗ 감초를 진하게 달여 마시면 해독 작용을 하므로 효과가 있다.

◗ 말린 약쑥의 잎과 줄기를 삶아서 10~20g씩 복용한다. 몸이 가려울 때는 사철쑥 삶은 물에 적신 수건으로 닦아내면 시원하게 멈춘다.

◗ 더워지기 전 풀을 달여서 하루 15g 가량씩 복용하면 특효하다.

◗ 거여목(일명 개자리라고도 함)을 날로 먹든가 나물로 무쳐 먹는다.

◗ 가막조개 1되를 물 1되에 넣고 1시간 쯤 삶은 후 조

개는 꺼내고 다시 달여 3홉 가량으로 졸여 소금이나 간장으로 간을 맞춰 1일 3회로 나누어 마신다.

◗ 가막조개 껍질을 가루를 내어 하루 3회에 1돈씩 복용한다.

◗ 논우렁이 껍질을 불로 달여 하루 세 번 1회에 반 공기씩 마시면 효과가 있다.

◗ 사철쑥 4돈과 대황 1돈을 3홉의 물로 2홉이 되게 달여 복용하면 특효하다.

쑥

제4장

이비인후과 질환

귀울림

좋은 식품 : 범의귀, 산수유, 겨자

산수유나무

증상

외이도에 이물이 있을 때 이관염, 중이염, 직업성 난청, 메니에르 증후군 같은 질병이 있을 경우에 나타나는 것이나, 동맥경화증, 빈혈, 갱년기장애 등에도 수반되어 일어나는 일이 있다. 동시에 현기가 따르게 되는 수가 많다.

치료

◐ 범위귀 생잎 3~4매를 깨끗이 씻어 물기를 없앤 다음, 소금을 약간 넣고 짓찧어 그 즙을 몇 방울 귓속에 떨구고 솜으로 귀를 막아둔다. 1일 1회씩 매일 계속하면 매우 효과가 있다.

◐ 산수유 씨를 말려서 계속 달여 마시면 유효하다.

◐ 귀가 갑자기 들리지 않았을 때는 겨자가루를 젖에 개여 솜에 싸서 귓속에 넣으면 낫는다.

◐ 귀 안에 벌레가 들었갔을 때는 담배연기를 귀 안에 불어 넣으면 벌레가 나온다.

만성비염

좋은 식품 : 연뿌리, 아주까리씨

아주까리(피마자)

증 상

만성비염은 코의 점막에 일어나는 만성염증으로 점액성분비가 있든지, 한 걸음 나아가 농성의 분비가 있든가 한다. 비공이 좁아지고, 호흡이 곤란해지고, 잠을 잘 때 코를 잘 골개 된다. 두통이 일어나는가 하면 기억력은 감퇴하고 주의력도 산만해진다.

치 료

◐ 식염수를 사용하여 세정(코로 들여마셨다가 입으로 내보낸다)을 매일 계속하면 염증이 가라앉게 된다.

◐ 추운 겨울에도 미지근한 물로 세정한다.

◐ 생 연뿌리를 강판에 갈아 즙을 내어 매일 밤 취침 전에 두 세 번씩 넣어도 유효하다.

◐ 아주까리씨를 껍질을 벗겨서 짓찧어 솜에 싸서 콧속에 넣는다.

편도염

좋은 식품 : 사과, 파, 자두, 알로에, 벌집, 우엉, 버섯

사과나무

증 상

급성편도염은 세균의 감염에 의해 편도가 염증을 일으키는 병으로 감기가 걸렸을 때 잘 일어나게 된다. 목에 통증이 있게 마련인데, 특히 무엇을 삼킬 때 통증을 느끼게 된다. 일반적으로 편도가 벌겋게 부어오르며, 노란 고름을 보게 되는 수가 있다. 열이 나는 수가 많고 특히 아이들에게는 고열이 나게 된다.

치 료

◑ 진한 식염수로 1일 3회 가량 양치질을 한다. 습관성이 있는 사람은 매일 계속하면 효과적이다.

◑ 사과즙을 마시면 부은 것이 가라앉게 된다.

◑ 파 흰 뿌리를 반으로 쪼개어 안쪽이 목의 피부에 닿도록 하여, 3~4쪽을 목에 붙인 후에 붕대를 감아주면 부기가 빠지면서 통증도 멎게 된다.

◑ 자두 씨 알맹이를 쪄서 씹어 먹으면 효과가 있다.

◑ 버섯을 가루로 하여 목구멍에 불어 놓으면 낫는다.

◑ 우엉씨 6g을 볶아 감초 6g과 함께 3홉의 물로 반량이 되게 달여 조금씩 마시면 유효하다.

목소리가 쉬는데

좋은 식품 : 무, 연근, 소염맥운동뿌리, 괄태충, 도라지

도라지밭

증상

목소리가 쉬는 것은 성대의 이상으로 일어나게 되는데, 후두의 질병(인후염, 출혈, 결핵, 매독, 암 등)에 의한 것과 외상, 성대마비 등에 의해서 일어나는 것이 있다. 심해지면 발성곤란이 된다.

치료

◑ 순무로 생즙을 내어 마시면 유효하다.

◑ 연근 생즙에 설탕을 넣어 반 공기 가량 마신다.

◑ 소엽맥운동뿌리를 달여 마시면 목소리가 잘 나오게 된다.

◑ 괄태충을 산채로 설탕에 싸서 삼키면 매우 유효하다.

◑ 검정콩을 달여서 즙을 낸 다음 얼음설탕을 넣어서 마시면 즉효하다.

◑ 도라지를 1일양으로 4~6g 가량을 달여 마신다.

◑ 생쌀을 물에 불려서 그냥 씹어 먹으면 효력이 나타난다.

인후염

좋은 식품 : 우엉씨, 쑥, 행인, 미나리, 고추잠자리

미나리밭

증상

한냉한 공기가 자극성이 있는 「가스」 같은 것에 의해서 인두부분에 염증을 일으키는 것을 후두염이라고 한다. 인두염은 인두부가 아프고, 점막이 벌겋게 부어오르고, 가래가 많아지고, 작열감을 느끼게 된다. 만성이 되면 항상 인두부에 건조감이나 이물감을 느끼게 되고, 근질근질하고, 마른기침이나 헛기침을 하게 된다.

치료

◗ 우엉 씨 2~3g을 1회양으로 하여 달여서 마시면 유효하다.

◗ 생쑥을 짓찧어서 식초에 개어 목에 붙이고 붕대를 감아두면 낫는다.

◗ 행인을 바싹 볶아서 만든 가루 3푼중에 계피가루 1푼중을 섞어 침(타액)으로 삼킨다.

◗ 생 미나리 2근으로 즙을 내어 꿀 3~4숟갈을 넣어 고약처럼 졸여서 1회 1숟가락씩 물로 복용하면 낫는다.

◗ 고추잠자리 3~4마리를 흑소한 후 가루를 만들어 목구멍에 바르면 모르는 사이에 낫는다.

축농증

좋은 식품 : 삼백초, 수세미 덩굴, 마늘

삼백초밭

증상

진한 코가 많이 나오고 코가 막히든가 두통이 나든가, 정신을 집중할 수 없게 되든가 한다. 급성인 경우는 이러한 증상이 일정기간 계속된다. 만성인 경우는 심한 증상은 없으나 항상 머리가 무겁고, 개운치가 않으며, 코가 막히는 일이 많으면서 때로는 심한 악취가 난다. 기억력, 사고력 같은 것도 감퇴한다.

치료

◑ 멸(삼백초) 20g을 3홉의 물로 반절이 될 때까지 달여 1일 3회 공복에 마시는 한편, 생잎 4~5매를 으깨어 약간의 소금을 넣고 둥글게 만들어 양쪽 콧속에 번갈아 집어넣고 30분~1시간 후에 코를 풀면 고름 같은 콧물이 나온다. 이것을 하루 2~3회씩, 1~2주간 계속하면 고름이 깨끗하게 싹 빠지게 된다.

◑ 수세미외 덩굴을 잘게 썰어서 볶은 다음 가루를 만들어 1회 1돈씩 술에 타서 마시면 효과가 있다.

◑ 마늘을 짓찧어서 양쪽 발바닥 중심에 붙이면 효과가 있다.(코피를 멈추게 할 때도 유효)

중이염

좋은 식품 : 참기름, 피마자유, 범의귀, 무, 토란

토란잎

증상

급성중이염은 귓속이 아프고, 귀 울림이나 귀가 막혀버린 듯한 감이 들면서 발열한다. 특히 아이들의 경우에는 고열이 난다. 만성이 되면 악취가 매우 심한 고름이 끊임없이 나오는 「귀앓이」가 되어 낫기 어려워진다.

치료

◉ 참기름, 또는 피마자유를 면봉에 묻혀 1일 2~3회씩 귓속에 바르면 유효하다.

◉ 범의귀 잎을 깨끗이 씻어 소금을 조금 넣고 짓찧어, 그 즙을 솜에 적셔서 귓속에 넣어준다. 급성중이염에 잘 듣는다.

◉ 무즙을 면봉에 적셔 귓속에 밀어 넣은 다음, 솜은 그대로 귓속에 놔두고 봉(막대)만 살짝 빼낸다.(1일 2~3회)

◉ 토란을 강판에 갈아 같은 양의 밀가루에 섞은 다음 10분의 1가량의 생강을 다져 넣고 함께 반죽을 하여 귓속에 넣으면 효과가 있다.

◉ 진피의 등심(한약) 각 1돈을 태워서 가루를 만들어 귓속에 갈아 넣는다.

코피

좋은 식품 : 부추, 국화, 백반, 무, 호두, 마늘

증상

코허리를 얻어맞든가, 흥분을 하던가 하면 코에서 피가 나오게 되는 수가 있는데, 이것은 비중격의 전단에 있는 혈관이 터지기 때문이다. 이처럼 일시적으로 나오는 코피는 걱정할 일이 못되지만, 몇 번씩이나 출혈이 거듭되는 경우에는 콧속에 종양이 생겼든가, 고혈압이나 동맥경화, 혈우병, 자반병, 백혈병, 괴혈병 따위의 혈관이나 혈액의 질환, 간경변, 비장 질환 같은 것이 우려되므로 원인을 조사해볼 필요가 있다.

치료

◉ 부추 생즙 1공기 가량을 뜨겁게 해서 마시고, 잎을 잘 비벼서 콧구멍을 막든가, 또는 즙을 내어 몇 방울 콧속에 떨구면 비출혈이 멎는다.

◉ 국화잎으로 낸 즙을 콧속에 넣어도 유효하다.

◉ 백반 녹인 물을 솜에 적셔서 콧구멍을 막으면 유효하다.

◉ 무즙 반잔에 술을 약간 넣어 뜨겁게 해서 마시고 식혀서 콧구멍에도 2~3방울 넣는다.

◑ 찹쌀로 지은 밥을 뭉쳐서 뒤통수에 붙이면 멎는다.

◑ 호두를 짓찧어 얇은 종이에 싸서 콧속에 넣는다.

◑ 마늘을 짓찧어서 발바닥에 붙이면 멎는다.

마늘밭

제5장
호흡기 질환

가래

좋은 식품 : 우엉, 수세미, 행인, 도라지, 생강, 배, 무

도라지밭

치 료

◗ 우엉뿌리를 생즙을 내어 마시면 가래가 목에 걸려 있을 때 효과가 있다.

◗ 수세미 줄기에서 받은 물을 마시면 유효하다.

◗ 행인(살구 씨의 알맹이) 5~6개를 가루로 하여 물로 마시면 가래가 끓는 데 효과가 있다. 달여 마셔도 좋다.

◗ 달걀 노른자위 3개를 아이 오줌에 타서 한번에 마신다.

◗ 도라지를 하루에 2g 가량 달여 마신다.

◗ 하국꽃을 말려서 물로 달여 마시면 효과가 있다.

◗ 도라지 뿌리 20g, 양귀비 열매, 껍질 15g을 물 4홉으로 반이 되게 달여서 8회에 나누어 하루에 마시면 낫는다.

◗ 배즙과 무우즙 각 반홉을 혼합한 다음 생강즙 4~5 숟갈을 넣어 1회에 마시면 유효하다.

폐결핵

마늘밭

증상

후두, 기관지, 폐 등, 호흡기는 비교적 결핵균이 침범하기 쉬운 곳인데, 폐가 침해를 당하면 호흡기 이외로도 병이 옮겨지는 경우가 많으며 옛날에는 아주 무서워하던 병이다. 환자의 가래나 침 속에 포함되어 있는 균에 의해 감염이 된다. 기침, 가래, 잠잘 때의 식은 땀, 야위고 호흡 곤란, 피로 따위의 증상이 나타나지만, 초기에는 자각증상이 전혀 없는 수도 있으므로 정기진단에 의한 초기발견이 필요하다.

치료

◑ 생강즙 반 숟갈(차숟갈)씩을 하루 4~5회 마시면 효과가 있다.

◑ 꿀물에 마늘을 담가 놓고 때때로 먹으면 원기가 난다.

◑ 마를 구워 먹으면 강장의 효과가 있어 유익하다.

◑ 알로에 3cm 가량을 갈아서 즙을 내어 마신다.

◑ 구기자 뿌리의 껍질을 1일양으로 10g~15g 가량 달여 마시면 강장에 효과가 있다.

◑ 뱀장어의 피와 담즙을 함께 섞어 마시면 효과가 있다.

기관지 천식

좋은 식품 : 감국, 명아주, 알로에, 부들, 뽕나무껍질, 쑥

질경이밭

증상

옛날부터 아주 무서워하던, 잘 낫지 않는 병인데, 숨이 막혀 괴로운 발작성 호흡곤란이다. 갑자기 발작적인 기침이 나고 숨을 내쉬기가 괴로우며, 손톱은 자색으로 변색하고 땀이 약간 나면서 손발이 차가워진다.

치료

◉ 감국 잎이나 줄기로 된장찌개나 국을 끓여 먹는다.

◉ 명아주 전초를 말린 다음 물로 달여서 마시면 유효하다.

◉ 알로에 잎을 강판에 갈아 즙을 내어 1잔(작은 술잔) 가량 마신다.

◉ 말린 부들 잎을 가루로 만들어 2돈쭝씩 미음에 타서 마시면 효과가 있다.

◉ 뽕나무 껍질을 달여 그 즙 10g을 1일 2~3회에 나누어 마신다.

◉ 질경이와 쑥을 2대 1의 비율로 하여 약간의 감초를 넣고 달여 차대신 자주 마시면 효과가 있다.

◉ 달걀을 아이 오줌에 3~4일 담가 두었다가 삶아 먹으면 유효하다.

감기

좋은 식품 : 매실, 유자, 삼백초, 말오줌나무, 범의귀, 메밀

삼백초

증상

대표적인 전신병의 하나인데, 우선 코가 근지러워지며, 목이 아프든가 붓는다. 증상이 진행되면 열이 나고 머리가 아프며 기침이 나고 몸이 나른해지든가 한다. 대개는 온몸의 근육이 아파지게 마련이다.

치료

◑ 오매 2개를 태워 가루를 내어 같은 양의 생강즙을 붓고 약간의 간장을 넣은 다음 뜨거운 물을 부어 한 번에 마시고 잠을 자고 나면 땀이 쭉 흘러나오면서 감기가 낫게 된다.

◑ 유자를 껍질째로 즙을 내어 설탕을 조금 넣고 끓는 물을 부어 마신다.

◑ 말린 삼백초 잎 한 줌 가량을 물로 달여 따뜻할 때 마신다. 삼백초잎으로 낸 즙에 새앙즙과 설탕을 넣어 마신다.

◑ 접골목(말오줌나무) 꽃을 그늘에 말려, 달여 마시면 발한작용을 촉진시키는 효과가 있다.

◑ 말린 범의귀 잎 20g을 달여 마시면 유효하다.

기관지염

좋은 식품 : 연근, 무, 감자, 구기자, 매실, 송진

감자잎

증 상

감기나 유행성 감기가 원인으로 기관지 내부에 바이러스나 세균이 번식하여 점막을 해치는 병이다. 37도 이상의 열이 나며, 목 안이 근질근질하면서 기침이나 가래가 나오지만, 타진이나 청진 때는 호흡소리가 약간 거칠게 들릴 뿐, 이렇다 할 이상은 보이지 않는다. 가래는 처음에는 엷으나 만성이 되면 짙어진다.

치 료

◗ 연근(연뿌리)을 썰어서 달여 마시면 기침이 멎는다.
◗ 무를 칼로 둥글게 썰어 수수엿이나 옥수수엿에 넣어 두면 물엿이 되는데, 여기에 끓은 물을 부어 마신다.
◗ 감자를 넣고 된장국을 끓여 뜨거울 때 먹으면 기침을 멈추게 한다.
◗ 구기잎을 달여 마시면 열이 내린다.
◗ 매실 씨를 굽든가, 생으로 씹어 먹으면 유효하다.
◗ 송진을 내복용 알코올에 녹여 물을 적당히 부어서 1일 2~3회 마시면 유효하다.

폐렴

좋은 식품 : 매실, 황벽나무, 닭의 피

황벽나무

증상

기관지 끝에 있는 폐포가 「바이러스」곰팡이류, 기타 각종 세균류의 침해를 받을 때 발생하는 병이다. 중증일 때는 기침, 가래, 피가래가 나오며 높은 열에 가슴이 아프고 숨쉬기가 괴로워진다. 식욕이 없어지고 안색도 나빠지며 호흡수가 늘어난다. 심하지 않은 기침과 가래, 발열 정도의 가벼운 증상인 것도 있다.

치료

❑ 매실주를 가제나 수건에 적셔 흉폐부와 목에 찜질하면 기침이나 목 아픈 것을 가라앉힐 수 있으며 또 치료에도 도움이 된다.

❑ 황벽나무의 내피를 가루로 하여 하루에 6~9g을 복용하면 효과가 있다.

❑ 닭의 생피를 마시면 효과가 있다.

기침이 날 때

좋은 식품 : 표고버섯, 마, 생강, 무, 구기자, 복숭아, 모과

표고버섯

치 료

◐ 표고버섯을 달인 즙에 꿀이나 설탕을 조금 가미하여 마신다.

◐ 마로 생즙을 내어 설탕을 가미하고 끓는 물을 부은 다음 뜨거울 때 마시면 효과가 있다.

◐ 생강즙에 꿀이나 설탕을 가미하고 끓인 물을 부어 마신다.

◐ 순무로 즙을 내어 얼음사탕을 온수로 녹여서 섞어 마시든가 순무 즙을 그대로 마신다.

◐ 달걀 1개를 깨서 공기를 넣고 생강즙과 설탕 또는 꿀을 가미해서 온수를 부어 따뜻할 때 마신다.

◐ 꿀을 매일 조금씩 빨아 먹으면 유효하다.

◐ 구기 뿌리의 껍질을 1일 10g씩 달여 마시면 유효하다.

◐ 남천촉 열매 10알가량을 500cc의 물로 3분지 2양이 되게 달여 마시면 효과가 있다.

◐ 식초를 10배의 물에 타서 마시면 효과가 있다. 평소에 초가 들어간 음식을 많이 먹는다.

◐ 돼지고기를 삶아 먹는다.

❶ 복숭아 껍질에 흑설탕 약간을 넣고 짓찧어 백비탕으로 복용하면 유효하다.

❶ 질경이 씨 5g 가량을 물로 달여 마시면 낫는다.

❶ 후추 가루를 1회에 반돈씩 하루 3회 생강즙을 타서 마신다.

❶ 흰 수탉 1마리를 술로 고아 탕과 고기를 다 먹는다.

❶ 마른 모과나 생 모과를 달여 꿀을 약간 타서 자주 마시면 낫는다.

모과나무

제6장
부인과 질환

자궁암

마름

122

증상

초기에는 거의 고통이 없다가 조직이 무너지기 시작하면서 출혈과 대하가 있게 된다. 부정출혈은 성교 직후에 있는 일이 많으므로 주의를 요한다. 대하는 처음에는 얼마 되지 않은 소량이나 점점 양이 많아지면서 피나 고름이 섞이거나 악취를 풍기게 된다. 병세가 진행되면 아랫배가 아파진다.

치료

◐ 등나무에 생기는 혹을 깎아서 물로 달여 마시면 유효하다.

◐ 잉어 비늘을 흑소(뚜껑이 있는 질그릇에 넣고 그 질그릇을 불 속에 넣어 태운다.)하여 1회 1~g씩 복용한다.

◐ 마름을 1회 10개씩 달여 마신다.

냉증

좋은 식품 : 분디, 오수유, 달걀, 부추, 굴, 비듬, 오미자, 구기자

오미자

증상

냉증이란 추위를 탄다는 것과는 다르다. 몸의 일부, 특히 손, 발, 허리 등이 항상 얼음처럼 차갑거나 차갑게 느껴지는 것을 말한다. 그런 사람은 밤에 잠자리에 들어서도 몸은 곧 따뜻해지지만, 허리만은 언제까지나 차갑다.

치료

◐ 부인의 음부 냉증에는 분디와 오수유를 같은 비율로, 함께 가루로 하여 꿀에 개어 솜에 싸서 질 속에 넣는다.

◐ 달걀을 쑥 잎과 함께 삶아서 까먹으면 유효하다.

◐ 부추로 나물을 무쳐 먹든가 국을 끓여 먹으면 몸이 더워진다.

◐ 마른 굴과 말린 생강 각 1냥쭝씩을 함께 가루를 내어 1돈씩 3회 술에 타서 마신다.

◐ 비듬의 뿌리를 짓찧어 붙이면 유효하다.

◐ 오미자 4냥중으로 가루를 낸 다음 된장을 약간 넣고 짓이겨서 질내에 넣으면 효과가 있다.

◐ 구기자 잎을 달여 차 대신 마신다.

월경불순

좋은 식품 : 부추, 미나리, 율무 뿌리, 우엉, 수세미, 향부자

미나리밭

증상

월경의 주기는 28일형이 평균이나 21일에 35일 사이라면 정상이라고 할 수 있다. 월경불순은 월경 주기가 극단적으로 짧든가(2~3주간), 40일 이상이 되는 경우를 말한다. 짧은 경우를 빈발 월경, 긴 경우를 희발 월경이라 한다. 월경 주기가 짧든, 길든 아무 탈없이 언제나 일정한 경우는 병적인 것은 아니다.

치료

○ 부추 생즙 1공기에 어린아이 오줌 반 공기를 타서 뜨겁게 데워 마시면 극히 효과가 있다.

○ 말린 미나리 1냥쭝을 물로 반량이 되게 달여 마시면 효과가 있다.

○ 율무 뿌리 1냥쭝을 물에 달여 마신다. 4~5회 계속해서 마시면 효과가 있다.

○ 우엉 잎을 술에 담가 4~5일 두었다가 그 술을 1일 3회 1잔씩 복용하면 통경이 된다.

○ 말린 수세미 외를 구워 가루를 만들어 한 번에 3돈씩 하루 3회 술에 타서 마시면 효과가 있다.

불임증

좋은 식품 : 계지복령환, 당귀작약산, 온경탕

당귀밭

128

증상

결혼 후 2년이 지나서도 임신을 못하는 경우를 불임이라고 한다. 원인이 남성, 여성 중 어느 한 쪽에만 있는 경우도 있고 양쪽 모두에게 있는 경우도 있다. 남성측의 경우는 정액 속에 정자가 없거나(무정자증) 있어도 극히 적거나 (희소 정자증), 성기의 기형이나 변형, 발육부전 또는 당뇨병 같은 내분비 이상 같은 것이 원인이 되는 조루나 발기불능의 경우도 있다. 여성 측의 경우는 성기의 이상이나 성기능 이상에 의한 성교장애, 난소기능부전에 의한 무월경이나 무배란월경, 난관이 막혀있는 난관폐쇄, 자궁후굴이나 자궁종, 자궁내막염 따위의 자궁의 이상을 들 수 있다.

치료

○ 계지복령환을 월경 이상, 난소염, 자궁내막염 따위의 증상이 있을 때 쓴다.
○ 당귀작약산을 피로해지기 쉽고 빈혈 기미가 있는 사람에게 쓴다.
○ 온경탕은 월경이 불순한 사람에게 유효하다.

월경곤란증

좋은 식품 : 소철 열매, 달걀껍질, 겨자

소철나무

증 상

월경곤란증이란 하복통이나 요통 따위의 월경통이 일상생활에 지장을 줄 정도로 심해진 경우를 말한다. 원인으로는 자궁외구협착, 자궁발육부전, 자궁전굴, 난소기능부전 따위의 성기 이상, 자궁내막증, 자궁근종 등의 질병, 과로, 신경과민 따위의 신경에 의한 것 등이다.

치 료

⭕ 완숙한 소철 열매를 완전히 건조한 후, 썰어서 400cc의 물에 1개분을 넣고 물이 반량으로 줄을 때까지 달여(이것을 1일양으로 한다) 수회에 나누어 마신다.

⭕ 달걀껍질을 가루로 하여 복용하면 유효하다.

⭕ 월경시의 요통에는 겨자가루를 물에 개어 바르면 낫는다.

자궁내막염

질경이

132

증 상

자궁내막염은 자궁내막이나 성교나, 출산 후, 유산 후, 월경중의 비위생적인 처리로 말미암아 화농성 세균이 침입, 감염되어 일어난다. 하복부에 불쾌감이나 통증이 있으면서 고름이나 점액이 섞인 희든가 누른빛을 띤 탁한 액체가 흘러나온다. 때로는 피가 섞여 나오는 수도 있다.

치 료

● 곤약을 뜨겁게 끓여 헝겊에 싸서 하복부에 찜질을 한다.

● 무시래기를 삶은 탕으로 요탕(허리 아래만 담그는 것)을 하면 효과가 있다.

● 그늘에 말린 질경이와 멸(삼백초)을 각 한 줌씩 500cc의 물로 절반이 되게 달여 3회에 나누어 마신다.

● 뽕나무 뿌리를 달여 마시면 효과가 있다.

● 사프란 암술 40~50본을 헝겊 주머니에 넣고 끓는 물을 부어 그 탕을 1일 3회 복용한다.

● 인삼을 많이 먹어도 유효하다.

습관성 유산

생강밭

증상

가장 많은 3개월 중에는 하지가 어딘지 모르게 찍어 눌리는 듯한 느낌이 들면서 출혈이 있고, 수일 안으로 허리가 아파지면서 유산을 한다. 태아가 완전히 나오면 출혈은 수일 안으로 멎게 되지만 난자가 조금이라도 남아 있으면 언제까지라도 출혈은 계속된다. 출혈을 하는 동안에 세균이 감염되어 난막, 태반 등이 염증을 일으킬 위험이 있으므로 주의를 요한다.

치료

➡ 유산을 했을 때는 잉어 1마리와 현미 1되에 된장을 넣고 죽을 쑤어 먹는다.(1일 1회씩)

➡ 낙태로 심한 하열에는 녹각을 태워 가루로 하여 콩자반 즙으로 1회 1돈씩 1일 2회 물로 복용하면 유효하다.

➡ 사태불하는 달걀 노른자위 1개를 생강즙 1홉에 섞어 마신다.

유선염(유방염)

증 상

화농성 유선염의 경우는 유방의 일부가 단단하게 부으면서 아프다. 염증을 일으키고 있는 부분에 열이 있으며 피부가 발개진다. 심해지면 화농하고 전신적으로도 피로해지며 식욕부진, 복통 등을 볼 수 있다. 정체성 유선염의 경우는 유방이 부으면서 피부가 발개진다. 유선이 단단해지면서 아프기는 하지만 화농하지는 않는다. 때로는 열이 나서 38도 정도까지 올라간다.

치 료

◑ 자두(오얏)씨 알맹이를 짓찧어 환부에 붙인다.

◑ 밀가루를 초로 반죽하여 문종이에 발라서 환부에 붙이면 열이 내리고 응어리도 풀린다.

◑ 머위 잎을 불에 쪼여 부드럽게 해서 환부에 붙이되, 마르면 갈아붙인다. 화농된 곳에 붙이면 고름을 잘 빨아낸다.

◑ 수선 구근을 강판에 갈아 헝겊에 발라서 붙이면 초기일 경우에는 즉시 낫는다.

◑ 귤피 1냥, 감초 1돈을 3홉의 물로 달여 마신다.

대하증

좋은 식품 : 삼씨, 석류꽃, 호장근, 연씨, 마타리 뿌리, 벌집

마타리밭

증 상

여성의 성기에서는 항상 분비물이 나와서 성기를 촉촉
이 축이고 있는데, 어떤 원인에 의해 그 분비물의 양이
늘거나 성질이 변화하여 질구로부터 흘러나오는 수가
있다. 이것을 대하라 한다. 건강한 사람도 월경 전후의
2~3일 간은 대하가 비치게 되지만, 이것은 생리적인
것이기 때문에 걱정할 필요는 없다. 또 임신한 경우에
나오는 대하도 무색이나 백색인 때에는 걱정하지 않아
도 된다.

치 료

⬥ 삼씨 한 줌 가량을 500cc의 물로 3분의 2양이 되게
달여 1일 2~3회 마신다.

⬥ 그늘에 말린 석류꽃을 목욕탕에 넣어 목욕을 하면
효과가 있다.

⬥ 호장근(간질대 뿌리)을 삶아 그 즙으로 감주를 만들
어 먹으면 유효하다.

⬥ 겉껍질을 깐 연씨를 달여 마신다.

⬥ 벌집을 볶아 가루를 내어 1회 5푼씩 더운 술로 복용한다.

불감증

구기자나무

증상

일반적으로는 성교에 의해 당연히 일어나야 할 쾌감
이 일어나지 않는 것을 말하고 있으나 정확히는 쾌감
은 물론, 적령기에 이르렀어도 성욕이 일어나지 않는
사람도 포함된다. 원인에는 여성의 심신 발육, 특히 부
인과 기관 내분비 신경계의 발육불완전, 남성의 성기능
미숙, 양자의 성지식 부족 및 성격 불일치, 임신에 대
한 공포, 당뇨병 같은 전신적인 병 등이 있다. 그렇지
만 일반적으로는 기대 과잉, 즉 손바닥을 뒤집듯이 쉽
게 완전한 만족을 얻을 수 있을 것으로 생각해 왔던 단
순한 기분이 하나의 이유가 된다.

치료

❍ 구기자 뿌리의 껍질 10g 가량을 1일량으로 하여 물
로 달여 마신다.

❍ 시호가룡골무회탕, 가미소요산, 억각산 어느 것이나
정신적인 이유에 의한 것으로 신경이 과민한 사람에게
쓰이는 처방이다.

동의나물

제7장
피부과 질환

무좀

석류나무

증 상

백선균의 일종이 피부에 붙어서 기생하여 일어나는 완고한 피부병인데, 습기가 많은 여름철이 되면 많은 사람이 이 병으로 고생을 한다. 처음에는 좁쌀과 같은 작은 물집이 모여서 생기는데, 좀 지나면 말라서 표면으로부터 피부가 떨어지게 된다. 몹시 가려워서 긁으면 피부가 헐게 된다.

치 료

◐ 분겨 기름을 바르면 매우 효과가 있다.

◐ 석류파괴나 근피를 달인 즙을 바르든가 뿌리를 짓찧어 그 즙을 바란다.

◐ 후추와 오배자를 같은 비율로 가루를 만들어 물에 개어 붙이면 특효약이다.

동상

생강밭

증 상

동상은 차가운 공기가 피부에 닿게 될 때 그 부분의 혈관이 넓어진 채로 마비가 되면서 혈액이 굳어지게 됨으로써 일어나게 되는 것이다. 처음에는 빈혈, 곧 이어서 충혈되어 자적색이 되면서 (제1도) 마침내 물집이 생긴다 (제2도). 다시 한층 더 심해지면 피부가 뭉개져 버린다 (제3도).

치 료

○ 노랑하눌타리 씨를 흑소(뚜껑이 있는 질그릇에 넣고 그 질그릇을 불 속에 넣어 태운다)해서 참기름에 개어 바르면 유효하다.

○ 범의귀 잎으로 즙을 내어 바르면 효과가 있다.

○ 자주쓴풀을 진하게 달여 그 뜨거운 즙으로 환부를 찜질해주면 매우 효과가 있다.

○ 번초를 물로 진하게 달여 그 즙을 환부에 자주 바르면 유효하다.

○ 생강을 달여 그 물에 담그면 효과가 있다.

○ 큰 굴 5~6개를 푹 삶은 열탕에 담그면 유효하다.

완선

좋은 식품 : 가다랭이, 감, 제비꽃, 산거초, 할미꽃

할미꽃

증상

사춘기의 남성에게서 흔히 볼 수 있다. 백선균에 의한 감염이 원인으로 사타구니나 엉덩이 같은, 피부가 잘 스치는 곳이나 분비물이 많은 곳에 습진과 병합해서 일어난다. 계절적으로는, 발병하는 것이나 악화하는 것이나 여름에 많은 것 같다. 이것은 고온 다습하여 균이 번식하기 쉽고, 땀으로 음부가 짓무르게 되기 때문이다. 처음에는 좁쌀 같은 조그마한 것이 생겨 마침내 언저리의 피부가 부어 오르고 중심부가 빨개지면서 무척 가렵다. 이 때 긁으면 언저리와 건강한 피부로 퍼져나간다.

치료

◐ 가다랭이를 쪄서 말린 다음, 가루를 내어 밥풀로 뭉개어 바르면 유효하다.

◐ 감씨를 짓찧어서 초에 개어 바르면 효과가 있다.

◐ 제비꽃 잎이나 줄기에 소금을 약간 넣고 짓찧어 붙인다.

◐ 산거초(괭이밥)잎을 짓찧어 붙인다.

◐ 일본 할미꽃(가는 할미꽃) 잎에서 생즙을 내어 바른다.

◐ 담배를 우려낸 물을 바르면 효과가 있다.

탈모증

좋은 식품 : 뽕나무 뿌리, 구기자 잎, 감국 잎, 옥수수기름

감국밭

증 상

두발(머리털)의 일부분이나 전부가 빠지는 것을 말한다. 나이를 먹은 탓으로 빠지는 것도 있으나 원인에 의한 것으로는 여러가지가 있다.

치 료

⊙ 뽕나무뿌리를 껍질을 벗겨내고 잘게 썰어 100cc의 물에 15g 가량 넣고 반량이 되게 서서히 달여 그 즙을 모근에 문질러 바르면 탈모를 막을 수 있다.

⊙ 구기생잎을 달인 즙으로 머리를 감으면 머리털이 빠지는 것을 멈추게 할 수 있다.

⊙ 감국 잎 달인 즙으로 머리를 자주 감으면서 모근을 문지른다.

⊙ 복숭아 잎을 달여서 그 즙으로 머리를 감아도 효과가 있다.

⊙ 매일 조석으로 옥수수기름 한 숟갈씩 1~2개월간 복용하면 머리카락 빠지는 것이 방지 될 뿐 아니라 머리털도 광택이 난다.

암내

귤나무

증 상

겨드랑이에서 악취가 나는 것인데, 「아포클린」으로 불리우는 겨드랑이에 있는 한성의 분비가 활발해짐으로써 일어난다. 남, 녀에게다 있는 현상이나 여성에게 더 많다.

치 료

● 명반을 태워 가루로 하여 자주 발라준다.

● 호두 속 알맹이를 짓찧어 문질러 바른다음, 마르는 즉시로 흑소한 굴가루나 매실가루를 잘 문질러 바르면 유효하다.

● 엷은 먹물을 겨드랑이에 바른 다음, 마르는 즉시 흑소한 굴 가루나 매실가루를 잘 문질러 바르면 유효하다.

● 쇠기름에 백분을 개어 바르면 즉효하다.

● 우렁이에 밀타승(한약)과 약간의 사향을 넣고 함께 짓찧어 떡처럼 뭉쳐서 겨드랑이에 붙이면 신효하다.

기미

감나무

증 상

기미는 콩만한 크기로부터 손바닥만한 크기에 이르는 다갈색의 색소 반점으로 주위의 피부와 확실하게 구별할 수 있는 것과 구별하기 어려운 것이 있다. 아프지도 가렵지도 않는 것이 있는가 하면 조금 가려운 것도 있다. 사람에 따라서는 긁으면 비듬 같은 것이 떨어지기도 한다.

치 료

◑ 율무쌀로 죽을 쑤어 매일 계속해서 먹으면 효과가 난다.
◑ 감나무 잎을 달여 차 대신 매일 계속해서 마시면 유효하다.
◑ 팥꽃을 으깨어 자주 붙이면 없어진다.
◑ 덜 익은 오얏을 먹고 또 그것으로 피부를 자주 문질러 즙을 발라주면 유효하다.
◑ 생가지를 칼로 잘라서 수시로 문지르면 없어진다.
◑ 달걀 흰자위에 견우말(나팔꽃씨 가루) 5푼을 넣고 잘 개어 밤에만 바른다.

옴(개선)

좋은 식품 : 새우, 레몬, 멀구슬나무, 떡쑥, 고추, 여뀌, 복숭아

고추나무

증 상

개선충이라는 아주 작은 충이 피부 속으로 들어가 알을 낳고 번식함으로써 일어나는 피부병이다. 좁쌀만 한 것이 도톨도톨하게 돋아서 몹시 가렵다. 때로는 물집이 잡히면서 곪는 것도 있다.

치 료

⊙ 새우 껍질을 달여 마시면 유효다.

⊙ 레몬을 썰어서 환부를 문지르면 가려운 것도 사라지고 마침내 낫게 된다.

⊙ 백단(멀구슬나무)잎을 짓찧어 즙을 내서 바르면 유효하다.

⊙ 떡쑥 전초와 고추를 함께 태워 가루로 하여 참기름에 개어 바른다.

⊙ 여뀌 잎을 짓찧어 바셀린에 개어 바르면 몹시 아프기도 하지만 빨리 낫는다.

⊙ 복숭아 뿌리와 줄기를 짓찧어 즙을 내어 바르면 낫는다.

두드러기(마진)

사과나무

증 상

피부에 붉은 반점이 사방에 생겼다가 수시간만에 사라지는 것이 보통이나 어떤 것은 1, 2일로부터 1주일까지 가는 것도 있다. 몹시 가려운 것이 특징이다.

치 료

◐ 무를 갈아 헝겊에 싸서 환부를 문질러 주면 낫는다.

◐ 결명자(초결명의 씨)를 달여 차 대신 마시면 정장작용을 하기 때문에 매우 효과가 있다.

◐ 사과초를 자주 바르면 즉시 낫는다. (버짐이나 농가진에도 유효)

◐ 호두의 청피(설익은 겉살)을 짓찧어 유황가루에 개어 바르면 낫는다.

◐ 우엉의 씨를 볶아 개구리밥을 등분하여 박하탕으로 1돈씩 조석으로 복용한다.

피부가 틀 때

좋은 식품 : 알로에, 유자, 수세미, 수박

유자나무

증상

특히 손, 발의 피부가 차가운 공기나 지방질 부족으로
꺼칠꺼칠하게 트는 일이 많으며, 심하게 되는 경우에는
피부가 갈라지기도 한다.

치료

◐ 알로에 잎에서 나오는 끈적끈적한 액을 바른다.

◐ 유자를 짓찧어 하룻밤 술에 담가 두었다가 그 즙을
바른다.

◐ 수세미 줄기에서 나온 물을 바르면 유효하다.

◐ 수박 껍질을 말려서 가루를 만든 다음 참기름에 개
어 바른다.

땀띠

좋은 식품 : 오이, 달걀, 복숭아 잎, 수세미, 미나리

미나리밭

증상

땀은 한선의 출구인 땀구멍을 통해서 몸 밖으로 나오게 된다. 피부에 좁쌀처럼 조그만 빨간 것이 도톨도톨하게 많이 생겨, 땀이 차면 톡톡 쏘면서 아프다. 시일이 좀 흐르면 물집으로 변하면서 몹시 가려워진다.

치료

◐ 오이를 썰어서 붙이면 가려움도 가라앉고, 1일 5~6회 가량, 1주일간 계속하면 낫는 수가 많다.

◐ 달걀 흰자위를 발라 주어도 효과가 있다.

◐ 복숭아 잎을 달여 그 즙으로 찜질을 하든가, 또는 그 즙을 탕에 섞어 목욕을 하면 매우 유효하다.

◐ 수세미물을 발라도 효과가 있다.

◐ 미나리 생즙을 바르면 매우 효과가 있다.

◐ 오이덩굴에서 나오는 즙을 받아서 바르면 낫는다.

◐ 여러 날 물에 불인 좁쌀을 맷돌에 갈아서 옹기나 사기그릇 또는 유리그릇에 담아 두었다가 앙금 위에 생기는 맑은 물로 땀띠를 씻어주면 말끔히 낫는다.

버짐, 백선

좋은 식품 : 마늘. 달걀. 차조기. 참밀

밀밭

증상

버짐이나 백선이나 모두 백선균의 감염으로 일어난다. 얼굴에 생기는 것을 버짐, 머리에 생기는 것을 백선이라 한다. 버짐은 둥근 회백색 반점을 만들면서, 퍼져나가 피부가 꺼칠꺼칠해진다. 가렵거나 아프지는 않지만 긁으면 비듬 같은 것이 떨어진다. 백선은 처음에 동전 크기로 머리가 빠진 뒤, 빠진 부분의 피부가 거칠어지면서 생선 비늘 같은 것이 생긴다. 다소 가렵다.

치료

◐ 마늘 즙을 바른다.

◐ 달걀노른자위를 참기름에 개어 바른다.

◐ 차조기 잎을 짓찧어 그 즙을 바르면 유효하다.

◐ 버짐, 주근깨에는 참기름과 달걀 흰자위를 섞어 바르면 유효하다.

◐ 마른 버짐에는 참밀을 다듬이돌처럼 편편한 돌 위에 펴놓고 넙적한 돌을 불에 달구어 밀을 누르면 이때 기름이 나온다. 이 밀기름을 몇번 발라주면 가신듯이 낫는다.

여드름

좋은 식품 : 삼백초, 범의귀, 복숭아꽃

삼백초

증 상

젊은 사람에게 많이 생기는 여드름은 모혈로부터 나오는 피지의 분비가 너무 많아 모공이 막혀 버려 더 나오지 못하고 응어리가 되어 굳어 버리든가, 또는 화농균이 들어가서 곪든가 해서 생기는 것이다. 얼굴, 가슴 등 같은 곳에 생기기 쉬우며 처음에는 모혈에 피지와 각질이 막혀 노란 덩어리가 된다. 그것을 중심으로 언저리의 피부가 부어 오르면서 화농하여 고름이 나온 다음, 흉터가 남게 된다.

치 료

◑ 멸(삼백초)을 달여 차 대신 매일 마신다.
◑ 범위귀를 짓찧어 그 즙을 마시거, 바르면 유효하다.
◑ 흰 복숭아꽃과 동아 씨를 함께 짓찧어 붙이면 없어진다.

사마귀

씀바귀밭

증상

보통 사마귀는 손, 발에 생기기 쉽고, 표면이 꺼칠꺼칠하며, 점점 수가 늘어나는 경향이 있으나 아프거나 가렵지는 않다. 내버려 두어도 저절로 낫는 수가 많다.

치료

◐ 율무쌀을 하루 10~15g씩 달여 마신다.

◐ 가지를 강판에 갈아서 자주 바르든가, 가지꼭지로 자주 문지른다.

◐ 후박나무 씨를 달여 그 즙을 자주 바르면 유효하다.

◐ 씀바귀에서 나오는 흰 액즙을 자주 바르면 떨어진다.

◐ 토란을 칼로 썰어 사마귀에 마찰을 계속하면 없어진다.

습진

생강밭

증 상

처음에는 피부가 벌게지면서, 좁쌀 같은 것이 점점 많이 돋아나, 작은 물집으로 변한다. 이 때 쯤에는 몹시 가려워진다. 마침내 물집이 터지면서 헐게 되어 진물이 나온다. 만성습진은 딱지가 떨어져도 곧 발적, 구진을 되풀이하면서 좀처럼 낫지 않는 것이다.

치 료

⊙ 개오동나무(노나무) 잎을 달인 즙으로 환부를 습포하면 매우 효과가 있다.

⊙ 삼나무 잎을 달여 환부를 자주 씻으면 낫는다.

⊙ 꿀을 물에 타서 2~3회 바르면 신효하다.

⊙ 생강을 썰어서 붙이면 효과가 있다.

⊙ 떡쑥 전초와 고추를 함께 태워 가루를 만들어 참기름에 개어 바르면 낫는다.

⊙ 복숭아 잎을 짓찧어 즙을 내어 바르면 낫는다.

❍ 도꼬마리 잎과 뿌리를 짓찧어 물을 붓고 고약처럼 진하게 졸여 바르면 낫는다.

❍ 돼지고기에 완화를 같은 양으로 넣고 달여 먹으면 유효하다.

❍ 염소고기를 토복령 2냥중과 은화 1냥중을 함께 불로 끓여 먹으면 낫는다.

❍ 쑥을 식초에 달여서 그 탕으로 씻으면 즉시 효과가 있다.

❍ 호두를 짓찧어 약간의 석유와 수은 3푼을 혼합해서 바르면 매우 효과가 있다.

쑥

치과, 구강 질환

치조농루

삼백초

증 상

충치, 의치와 함께 치과의학의 중심이 되어 있는 병으로서 별칭, 치주위염이라고도 한다. 이 언저리의 잇몸으로부터 치조골에 침해를 받아 고름이 나오고, 이가 들떠서 빠져버리게 되는 병이다. 입에서 냄새가 나고, 잇몸의 색깔이 비정상으로 변하고, 누르면 고름이 나오고, 이를 맨손으로 뽑아낼 수 있을 정도로 솟아올라서 흔들린다.

치 료

◗ 벌집을 가루로 하여 조석으로 복용(1회 1돈)하면서, 이것으로 잇몸을 문지른다.

◗ 범의귀 잎을 생으로 조그맣게 뭉쳐서 아픈 이에 물고 있으면 효과가 있다.

◗ 호마 1홉을 2홉의 물로 1홉이 되게 달여 그 즙으로 자주 입안을 헹궈낸다.

◗ 삼백초 잎을 깨끗하게 씻은 후 소금물에 담갔다가 약간 으깨어서 취침 전에 잇몸과 볼 사이에 끼워 놓고 잔다.

치통

좋은 식품 : 소금, 파, 무, 매실, 마, 검은콩, 박하, 질경이

질경이

치 료

⊙ 소금을 아픈 이에 물고 있는다.

⊙ 소금을 밥으로 반죽하여 문종이에 편 다음, 아픈 쪽에 붙인다.

⊙ 파 흰 뿌리를 물고 있으면 통증이 가라앉게 된다.

⊙ 무를 강판에 갈아서 잇몸과 볼 사이에 넣는다.

⊙ 매실을 흑소하여 아픈 이에 바르면 통증이 멎는다.

⊙ 마를 강판에 갈아 고추가루를 약간 넣고 잘 혼합 한 다음, 문종이에 펴서 아픈 쪽 볼에 붙인다.

⊙ 검은 콩을 물로 삶아 그 즙을 입에 물고 있으면 통증이 가라앉는다.

⊙ 박하(영생이) 생잎을 손으로 잘 비벼서 아픈 이에 물고 있으면 효과가 있다.

⊙ 질경이 생잎에 소금을 약간 넣고 으깨어 아픈 이로 지긋이 물고 있으면 통증이 가라 앉는다.(몇번 되풀이 한다.)

⊙ 별꽃 생잎을 물고 있어도 유효하다.

⊙ 국화 생잎에 소금을 약간 넣고 짓찧어, 그 즙을 아픈 이와 그 언저리 잇몸에 바르면 통증이 멎게 된다.

충치

좋은 식품 : 가지장아찌, 가지 꼭지, 명반가루, 솔 잎, 명아주 잎

증상

충치는 치조농루와 병행하여 구내 2대 질환중의 하나이다. 표면의 에나멜질이 침해를 당했을 때만 해도 아직 통증이 없기 때문에 의식하지 못하는 수가 있다. 그 아래 상아질까지 세균이 침입을 하게 되면 신경이 자극되므로 냉수나 더운 물을 머금었을 때 이가 시리게 느껴진다.

치료

◑ 묵은 가지장아찌를 지긋이 물고 있는다.

◑ 흑소한 가지 꼭지 가루를 아픈 이의 구멍 속에 넣어주면 통증이 멎게 된다.

◑ 명반가루를 충치에 발라주면 통증이 가라앉게 된다.

◑ 솔잎을 흑소하여 아픈 이에 바르면 유효하다.

◑ 석류나무 잎을 달여 그 즙으로 양치질을 하면 통증이 가라앉는다.

◑ 말린 명아주 잎을 달여서 즙을 입에 물고 있으면 통증이 멎는다.

◑ 벌집을 물에 담가서 우려낸 물로 자주 양치질을 한다.

179

치수염

좋은 식품 : 곤약, 소금

삽주

180

증상

충치가 진행하여 치수(신경, 혈관)까지 침해 당한 것을
치수염이라 한다. 치수가 지끈지끈 아프다. 밤, 취침 중
에 통증이 일어나, 그 때문에 잠을 깨게 된다. 증상이
한층 진행되면 밤낮없이 통증은 계속된다. 이런 때는
의사의 진단을 받아야 한다.

치료

🡲한 줌 가량의 소금에 초를 부어 녹인 다음 이것을
아픈 이 쪽에 물고 있으면 잇몸이 조여들게 됨으로써
피고름이 나오고, 통증은 가라앉게 된다.

🡲곤약을 따뜻하게 해서 아픈 쪽 볼에 대주면 통증이
가라앉는다.

잇몸에서 피가 날 때

고구마꽃

치 료

- 매일 레몬을 반개씩, 1주일간 계속해서 먹는다.
- 무즙에 소금을 약간 넣고 양치질을 한다.
- 굵은 막소금으로 잇몸을 문질러 주면 유효하다.

무꽃

구내염

좋은 식품 : 다시마, 무, 구기자뿌리, 율무, 석류뿌리

가시오가피

증상

어느 것이나 입 속, 또는 입술 가장자리가 해지든가 헐든가, 뾰족히 솟아오르면서 곪든가 하는 것들로서 건드리면 몹시 통증을 느끼게 된다. 침(타액)이 많이 나오든가, 입 안이 말라서 식사하기 곤란해지든가 하는 수도 있다. 이런 것은 스트레스 현상의 한 표현과도 같은 것이라고 말할 수 있다.

치료

○ 다시마 흑소한 것을 가루로 하여 환부에 뿌려주면 낫는다.

○ 무즙을 입안에 물고 있으면 통증이 멎으면서 부기가 가라앉게 된다.

○ 구기뿌리를 달인 즙으로 양치질을 계속하면 유효하다.

○ 입에서 냄새가 날 때 율무쌀 가루에 감초가루를 섞어서 헛바닥에 바르면 효과가 있다.

○ 과산화수소를 물에 타서 엷게 입안을 자주 헹궈내면 유효하다.

◐ 백매를 입에 물고 있으면 냄새가 없어진다.

◐ 석류나무 뿌리껍질을 물로 달여 그 즙으로 양치질을 자주 하면 냄새가 없어진다.

석류나무

제9장
뇌, 신경, 대사 질환

뇌전증(간질)

좋은 식품 : 작약, 범의귀, 수꿩, 웅담

작약

증상

뇌의 신경세포가 발작적, 병적으로 심한 경련을 일으키는 인사불성이 되는 병이다. 대발작, 소발작, 정신운동발작 등으로 나눌 수 있다. 전신 경련과 함께 정신을 잃고 쓰러지는 것이 대발작이다. 경련은 보통 1분 이내로 끝나지만 그 뒤에 잠에 빠지든가, 회복기에 흥분해서 돌아다니든가 또는 난폭한 행동을 하는 일도 있다. 본인은 발작이 있었던 것을 전혀 모른다.

치료

◑ 말린 작약뿌리 8g에 감초를 약간 넣고 500cc의 물로 반량이 되게 달여 1일 3회로 나누어 마시면 효과가 있다.

◑ 범의귀 잎에 소금을 넣고 잘 주무른 다음 짜서 즙을 내어 발작이 일어났을 때 먹인다.

◑ 수꿩(장끼)를 흑소하여 가루를 만들어 1회에 1순가락씩 백탕으로 복용하면 효과가 있다.

◑ 간질 발작 시에는 웅담을 물에 개어 2~3방울을 콧구멍에 떨어뜨리면 효과가 있다.

관절염

좋은 식품 : 생강, 감, 고비, 복어, 부들, 우엉

고비

증상

만성관절염은 만성관절수종이라는 것이 있어 관절에
액체가 고여서 관절이 부어오른다. 특수성 관절염은 결
핵성인 것이 대표적인데 무릎과 다리관절을 해친다. 가
벼운 절름발이가 되면서 아프고, 발이 변형되며, 관절
이 터져서 고름이 나오게 된다.

치료

◐ 생강 탕으로 환부가 빨갛게 될 때까지 찜질을 한 다
음, 우약을 붙인다. 묵은 생강을 40g 가량 강판에 갈아
서 헝겁 주머니에 넣어 900cc의 물고 달여 생강 탕을
만든다. 이 생강 탕에 수건을 적셔서 찜질을 한다.

◐ 뼈골이 쑤시는 데는 떫지 않은 감물을 매일 1잔씩
마시면 유효하다.

◐ 무릎 관절통에는 고비를 진하게 달여 마신다. 또는
그 즙으로 찜질을 하든가 발라도 유효하다.

◐ 관절통에는 복쟁이를 흑소하여 1회 3~7g씩 복용한다.

◐ 부들 꽃가루 8냥에 삶은 부자 1냥중을 넣고 함께 가
루를 만들어 1회 1돈씩 냉수로 마시면 유효하다.

통풍

좋은 식품 : 수련, 개다래나무

개다래나무

증상

중년 남자로 비대한 편에 속하면서 고기나 생선 등의 육류와 술 같은 알코올성 음료를 좋아하는 사람에게 많은 병이다. 대개 발 1, 2지의 관절을 덮치는 격통과 함께 발열을 한다. 때로는 전신적인 발열도 있으며 심한 때는 오한도 난다. 이러한 발작이 되풀이 되면 다리, 무릎, 발꿈치에 혹이 돋게 되는 수도 있다.

치료

◐수련 뿌리를 달여 마시면 발작할 때 일어나는 통증도 곧 멎게 된다.

◐개다래나무 열매 10g을 500cc의 물로 3분지 2 양으로 줄을 때까지 달여 1일 3~4회로 나누어 마시면 통증이 멎는다.

각기병

좋은 식품 : 옥수수 수염, 고사리, 모과, 구기자, 우렁이, 자라

모과나무

증상

각기는 흰쌀을 주식으로 하는 나라에서 발생했기 때문에 옛날부터 식사와 관계가 깊은 것으로 주목되어 오던 중, 쌀분겨 속에서 「비타민 B₁」이 발견됨으로서 상습적, 만성화 한 「비타민 B₁」 결핍증이라고 말하게 되었다. 그렇지만 요즈음에는 자율신경 실조증 같은 것으로부터 오는 경우도 의외로 많다는 것을 알게 되었다.

치료

❏ 현미10, 팥2의 비율로 밥을 지어 먹으면 비타민 B₁을 많이 섭취할 수 있게 됨으로 치료가 효과적이다.

❏ 옥수수를 수염이 붙어 있는 채로 물로 달여 마시면 부기가 빠진다.

❏ 그늘에 말린 고사리를 태워 가루로 하여 마시면 부기가 빠진다.

❏ 모과를 달여 마시든가 썰어서 헝겊주머니에 넣어 밟고 있는다.

❏ 구기자 잎과 봉선화 잎을 함께 짓찧어 물로 달여 자주 마신다.

임포텐스(발기부전)

좋은 식품 : 도라지, 삼지구엽초, 인삼, 구기자

삼지구엽초

증상

이 병의 90%이상, 즉 거의 대부분은 심인성인 것으로 생각되어진다. 그 밖의 원인으로는 당뇨병, 알코올중독 따위의 전신적인 병이 영향을 미치는 수가 많다. 성교는 성욕, 발기, 음경삽입, 사정이라는 연속된 상태에서 이루어지는 것인데 이 중에 어떤 장애가 있어 성교가 불가능하게 되는 상태를 말한다.

치료

◑ 도라지 뿌리 5g을 1일양으로 하여 500cc의 물로 3분지 2로 달여 3회로 나누어 마시면 유효하다.

◑ 삼지구엽초 말린 것 30g을 500cc의 물로 3분지 2가 될 때까지 달여 1일 3회로 나누어 마시면 유효하다.

◑ 인삼 4g을 물로 달여 1일 3회로 나누어 마시면 유효하다.

◑ 구기 뿌리껍질을 말린 지골피를 하룻밤 술에 담가 두었다가 구기주로서 마시면 효과가 있다.

불면증

은행나무

증상

정말로 자고 있지 않는 것인지, 또는 잘 수 없다고 생각해서 그러는 것인지, 그것이 문제인 것이다. 그렇지만 일반적으로 말해서 어떤 사람이든지 필요한 만큼은 자고 있는 것으로서, 다만 숙면감이 없기 때문에 주관적인 불면인 경우가 많은 것 같다.

치료

⚫ 씨를 빼낸 매실육 1개를 찻잔에 넣고 끓은 물을 부어 취침 전에 마시면 효과가 있다.

⚫ 은행 알 2개를 짓찧어 물로 복용하면 즉효이다.

⚫ 감람을 불에 구워 먹으면 낫는다.

멀미가 날 때

좋은 식품 : 생강, 매실, 솔잎, 남천촉, 송진, 밤

소나무

증상

멀미는 「병이 아닌 병」의 대표이다. 멀미를 하는 사람 중에는 금방 죽을 것처럼 괴로워하는 사람도 있다. 이런 사람은 일반적으로 자율신경이 과민한 사람인데, 심리적인 영향도 무시할 수는 없다. 그러므로 한번 멀미를 하게 되면 그 다음부터는 걱정이 되어 멀미를 하기 쉽게 된다.

치료

◐ 생강을 갈아서 즙을 낸 다음 그 즙에 끓는 물을 부어 마시면 차 멀미나 배 멀미에 유효하다.

◐ 오매(건매실)를 입속에 물고 있든가 레몬을 때때로 씹어도 멀미가 일어나지 않게 된다.

◐ 등자껍질과 소귀나무껍질(쪄서 말린 것)을 가루로 만들어 1회에 4g 가량 물로 복용하면 효과가 있다.

◐ 솔잎(적송 잎) 몇 본을 입에 넣고 씹어도 유효하다.

◐ 남천촉 잎을 씹어도 역시 효과적이다.

◐ 송진가루 2g 가량을 차타기 전에 복용하면 멀미를 방지할 수 있다.

신경증(노이로제)

좋은 식품 : 양파, 오가피, 꿀, 창출

오가피나무

증 상

보통 사람이라면 대범하게 보아 넘길 수 있는 일에도
민감하게 반응하여 불안감과 초조 등을 느끼는 한편,
두통, 현기, 동계, 변비, 건망, 불면, 목에 무엇이 걸린
것 같은 느낌, 피곤 등의 신체적 고통을 끊임없이 호소
한다. 그러므로 자신으로서는 위나 심장계통의 질환일
것으로 생각하고 있는 경우일 때에도 실은 신경증이
원인이 되어 있는 수가 많은 것이다.

치 료

◑ 양파를 상식하면 유효하다.
◑ 꿀을 차 숟갈로 셋 가량을 100cc의 더운 물에 타서
조석으로 매일 복용하면 유효하다.
◑ 오가피 38g 가량을 물로 달여 1회에 마시면 효과가
있다.
◑ 매 식사 때마다 꿀을 반 숟갈씩 장복해도 효과가 있
다.
◑ 창출 8~30g을 2홉의 물로 반량이 되도록 달여 3회
에 나누어 마시면 효과가 있다.

히스테리

좋은 식품 : 꿀, 녹각

산삼

증상

신체적 증상과 정신적 증상이 있다. 두통, 복통, 요통 등의 각종 통증, 경련, 의식장애, 시력, 청각, 발성 따위의 감각 이상으로부터 발열까지의 증상은 여러 가지로 나타낸다. 어떤 것이든 간에 그 원인은 심리적인 것이다.

치료

◐ 꿀을 조금씩 자주 먹으면 신기하게 효과가 있다.
◐ 녹각을 가루로 만들어 매회 2돈씩 술에 타서 마시면 매우 효과가 있다. 특히 부인에게 유효하다.

신경통

좋은 식품 : 알로에, 말오줌나무, 홍람나무, 고구마, 생강

고구마꽃

증 상

신경통은 우선 그 통증의 원인을 찾아내는 것이 중요하다. 신경 그 자체에 원인이 있는 수도 있지만, 그것보다는 달리 원인이 있는 경우 - 당뇨병, 알코올이나 납 같은 것의 중독, 변형성척추증 등에 걸린 사람한테 많은 것이다. 통증은 발작적으로 매우 심한 것인데, 가라앉으면 씻은 듯이 낫는다.

치 료

⭕ 알로에 잎을 짓찧어 헝겊에 두텁게 발라 아픈 곳에 붙인다.

⭕ 접골목(말오줌나무)와 자금우 각 한 줌씩을 900cc의 물로 달여 그 탕에 수건을 적셔 환부에 찜질한다.

⭕ 홍람나무(잇꽃으로 빚은 술)를 매일 조금씩 마시면 신효하다.

⭕ 고구마엿을 장복해도 매우 유효하다.

⭕ 통증이 있는 곳에 생강을 문지르면 유효하다.

⭕ 머루를 병에 넣어 1개월가량 지난 후에 그 즙을 환부에 바르면 유효하다.

두통

메밀싹

증 상

대개는 편두통이라고 말하는 것인데, 손발이 차가워지든가, 몸이 어딘지 모르게 찌뿌듯해지는 수가 많으며, 대부분의 사람이 어깨가 쑤시든가, 귀 뒤로부터 관자놀이에 걸쳐 목 줄기가 당기면서 아파진다.

치 료

◐ 사과를 껍질채로 갈아서 즙이 흘러내리지 않게 조심해서 문종이에 펴놓은 다음, 이마에 올려 놓는다.

◐ 씨를 빼버린 매실육을 관자놀이에 붙인다. 이때 씨가 붙어 있었던 쪽이 안으로 가게 해서 붙인다.

◐ 샴푸로 머리를 감든가 목욕을 해도 낫는 수가 있다.

◐ 파 흰 줄기만 잘라 코와 귀에 꽂고 있으면 신효하게 낫는다.

◐ 마늘 한쪽을 강판에 갈아 즙을 내어 코 속에 한 방울씩 떨어뜨리면 즉효하다.

◐ 도꼬마리 씨와 천궁, 당귀를 같은 비율로 하여 가루를 낸 다음 1회 3돈씩 맑은 차나 물에 타서 취침 전에 마시고 자면 낫는다.

당뇨병

좋은 식품 : 율무, 호박, 솔잎, 무화과, 연전초, 팥, 다시마

호박덩굴

210

증상

초기에는 자각증상이 없는 수가 많고 어느 정도 진행하면 대개는 소변양이 많아지면서 입안이 마르고 수분을 찾게 된다. 또 이상하리만큼 몹시 단 것을 먹고 싶어지는데, 이것은 혈액 속에 있는 당분이 오줌에 섞여 배출돼 버리기 때문이다. 단 것을 주로 하여 식욕은 증가하나 체중은 오히려 줄어든다. 부스럼이 생기는가 하면 신경통으로 고통을 받는 사람도 있다. 성욕도 감퇴하고 백내장이 진행되기도 하며, 혼수를 일으키는 수도 있다.

치료

● 율무쌀과 현미로 죽을 쑤어 먹는다.

● 호박을 상식한다. 설탕을 쓰지 말고 찌든가, 삶든가, 장을 끓여서 매일 먹으면 3~4주 정도 지나면 낫는 수가 있다.

● 솔잎(적송)을 짓찧어 즙을 내어 마신다.

● 무화과 열매를 그늘에 말려서 2~3개를 500cc의 물로 3분지 2 가량이 되게 달여 마신다.

211

○ 연전초 잎 2냥중을 3홉의 물로 2홉이 되게 달여 3회에 나누어 마신다. 2주간 복용하면 낫는다.

○ 팥, 다시마, 호박을 함께 삶아 맵게 간을 하여 조금씩 먹으면 효과가 있다.

○ 큰 붕어의 내장을 빼내고 그 속에 차 잎을 채워 넣은 다음 물에 적신 문종이로 싸서 불에 구워 먹는다.

○ 참볏짚을 뿌리와 함께 태워서 잿물을 내어 하루 1종지씩 조석으로 마시면 효과가 매우 좋다.

○ 누른 암탉을 삶아서 당으로 마시면 유효하다.

○ 마를 쪄서 매 식사 전에 3~4냥 가량 먹고 난 다음 식사를 하면 신효하다.

○ 율무쌀로 죽을 쑤어 주식으로 하면 매우 좋다.

○ 무즙을 달여 꿀 탕에 섞어 마시면 효과가 있다.

제10장
안과 질환

- 다래끼
- 백내장
- 결막염
- 가성근시

다래끼

좋은 식품 : 질경이, 까마중

질경이

증 상

속눈썹 사이에 좁쌀 같은 것이 돋아나서 화농한다. 부으면서 아파지는데, 보통 1주일 정도면 자연히 고름이 나온 다음, 낫게 된다. 습관성이 되기 쉬운 특징이 있다.

치 료

◑ 질경이 생잎을 불에 쪼여 손으로 비벼서 부드럽게 한 다음, 환부에 붙이면 고름이 잘 나오면서 낫는다. 한번 붙여서 낫지 않으면 2~3회 더 붙이면 낫는다.
◑ 까마중 열매를 달여 그 즙으로 온습포를 하면 잘낫는다.

백내장

좋은 식품 : 백남천, 머위, 꿀풀, 벌집

머위

증상

수정체나 각막의 단백질이 혼탁해져서 시력이 방해를 받는다. 선천적인 것, 노인성인 것, 눈에 상처를 입었을 때, 다른 눈병에 병합하여 일어나는 경우, 당뇨병에 의해서 일어나는 경우 등이다.

치료

◑ 백남천 씨 5g 가량을 1일양으로 하여, 물로 달여 차 대신 매일 마시면 효과가 있다.

◑ 붉은 줄기의 머위뿌리를 흑소하여 매일 복용한다.

◑ 꿀풀 전초 짓찧은 것 20g을 500cc의 물로 3분의 2 양이 되게 달여 1일 3회로 나누어 마신다.

◑ 벌집을 반으로 나누어 반은 생으로, 반은 볶아서 가루를 내어 같은 양으로 혼합하여 1회에 2~4그램씩, 1일 2~3회 복용한다.

결막염

질경이

증상

눈꺼풀 뒤와 안구를 싸고 있는 결막이 염증을 일으킨다. 눈의 흰자위가 빨갛게 충혈 되며, 눈곱이 끼고, 눈이 피로해지기 쉽다. 여러 가지 자극과 눈의 과로로부터 일어나게 되며, 세균이나 바이러스 감염에 의한 전염성인 것은 유행성 결막염인데, 소위 안질로 속칭되고 있다.

치료

◐ 차를 진하게 달여 식염을 약간 넣고 따뜻할 때 눈꺼풀 뒤를 씻어낸다.

◐ 자주쓴풀을 달여 그 즙으로 눈을 씻어내고 찜질을 하면 효과가 있다.

◐ 질경이 잎이나 줄기를 그늘에 말려 백설탕을 조금 넣고 엷게 달여 그 즙으로 눈을 씹으면 유효하다.

◐ 눈에 눈곱이 자주 낄 때는 구기열매를 짓찧어 즙을 내어 눈에 한 방울씩 1일 3~4회 떨어뜨리면 유효하다.

가성근시

쪽파밭

증 상

먼 데 있는 것이 희미하게 보인다. 눈의 렌즈에 해당하는 수정체의 곡률을 조정토록 된 「진」씨대 같은 근성의 피로로 인해 굴절조절이 원활하게 되지 않는 상태. 가성과 진성의 구별은 진찰 후에만 알 수 있다.

치 료

◑ 토끼 간을 생으로 먹으면 극효하다.

◑ 돼지 간 1개를 썰어 껍질을 버리고 파 한 줌과 검은 콩자반 즙으로 국을 끓여 달걀 3개를 풀어 넣고 먹는다.

인동초 · 금은화

제11장
소아과 질환

백일해

좋은 식품 : 배, 무, 호박씨, 질경이, 감초, 호두, 뽕나무뿌리

배나무

224

증 상

잠복기는 1~2주 정도인데 이 기간이 지나면 감기와 같은 증상이 나타난다. 빈혈, 결막충혈, 기침 따위가 있게 된다. 이런 상태가 1~2주간 계속되면서 백일해 특유의 경련성 기침이 시작된다. 숨을 들이마실 때 이상한 소리를 내면서 괴로워한다. 기침이 발작적으로 일어나면서 얼굴이 빨개진다.

치 료

◑ 배와 무를 같은 비율로 즙을 내어 함께 섞어서 마시게 하면 유효하다.

◑ 호박씨나 늙은 호박 꼭지를 태워서 만든 가루에 흑설탕을 넣어 물로 먹이면 신효하다.

◑ 무즙에 수수엿을 넣어 달여 먹이면 즉효하다.

◑ 질경이 12g, 감초 4g, 얼음사탕 8g을 함께 2홉의 물로 절반양으로 달여 하루 2~4회에 먹이면 낫는다.

◑ 호두알맹이를 조석으로 3개씩 먹이면 낫는다.

◑ 뽕나무 뿌리껍질을 달여 먹이면 유효하다.(감기, 기침에도 효과가 있다.)

볼거리(유행성 이하선염, 항아리 손님)

좋은 식품 : 우약, 무

증상

잠복기는 2~3주간 대개 1~2일 간의 가벼운 열과 두통이 있는 다음, 한쪽 또는 양쪽 귓불 아래 부분이 부어 오른다. 때로는 처음엔 한쪽이, 좀있다가는 남은 한쪽이 마저 부어오르는 수도 있다. 부어오른 부분은 탄력이 있으며 딱딱하지가 않다. 그러나 누르면 통증을 느낀다. 또, 다른 염증처럼 벌게지거나 열을 갖는 일이 없으므로 언저리의 다른 피부와 확실한 구분을 지을수도 없다. 그러나 무엇을 먹을 때 턱을 움직이게 되면 무척 아프다.

치료

● 우약을 만들어 환부에 붙이면 2~3일만으로 가라앉게 된다.
● 무를 강판에 갈아 헝겊에 싸서 냉찜질을 하면 통증이 가라앉는다.

소아천식

질경이

증상

감기가 들면 곧 쌕쌕하면서 다소는 기침도 하게 되지만, 열은 있을 수도 없을 수도 있다. 호흡곤란의 정도는 기관지 천식보다 아주 가벼운 것이지만 기관지 천식과 닮은 점은 숨을 내쉴 때에 괴롭고 들이마실 때에는 아무렇지도 않다는 점이다.

치료

◐ 질경이 전초에 설탕을 약간 넣고 달여 차 대신 마시게 하면 효과가 있다.(1일량, 전초 2뿌리)

◐ 흑소한 두더지를 가루로 하여 1일 1회, 반 숟갈(차 숟갈) 가량을 오블레이트에 싸든가, 기타, 복용하기 좋은 방법으로 하여 2~3마리 정도만 복용하면 매우 신효하다.

◐ 무씨(묵은 씨도 무방)를 1일 10~15g 가량, 360cc의 물로 반량이 되게 달여 3회에 나누어 식사 30분전에 복용한다.

◐ 불로 달인 도라지 즙 1숟갈을 3~4회로 나누어 먹인다.

◐ 벌집 2냥중을 태워 가루를 만들어 1회 1동씩 미음으로 복용한다.

어린이 경련(경풍)

좋은 식품 : 범의귀, 꿩고기, 상추, 질경이 씨

상추밭

증상

여러 가지 원인에 의해 전신성 경련을 일으킨다. 한 번 발작을 일으키기 시작하면 반복하기 쉬운 특징이 있다. 하지만, 아이들은 발육이 빠르고 5~6세가 되면 신경계의 자동조절도 가능하게 되므로 자연히 일으키지 않게 된다. 유아기에는 발열만으로 경련을 일으키는 수도 있는데, 이것을 〈열성 경련〉이라고 한다. 직접적인 원인 가운데 가장 많은 것이 이 고열에 의한 경우인데, 39도에서 40도 정도의 열이 수일 간 계속 될 때에 이 경련은 일으키기 쉬운 상태에 이르게 되는 것이다.

치료

◐ 범의귀 생잎 10매 가량에 소금을 조금 넣고 으깨어 즙을 낸 다음, 그 즙을 경련을 일으키고 있는 아이의 입 속에 흘려 넣어 주면 유효하다.

◐ 꿩고기를 구워 설탕을 쳐서 씹어 먹인다.

◐ 상추 줄기를 불에 태워서 그 재를 꿀이나 젖에 타서 먹인다.

◐ 질경이 씨를 달여 그 즙에 주사 약간을 타서 먹으면 급성에도 잘 든다.

231

수두

황칠나무

증상

잠복기간은 11~21일 정도. 가벼운 발열과 동시에 전신에(두발 속이나 점막에도) 빨간 작은 반점 같은 발진이 나온다. 크기는 각양각색이나 시간이 좀 지나면 중심부에 물집을 만들고 2~3일이 지나면 말라서 딱지가 된다. 딱지가 떨어지면 수개월 간 딱지자리가 남게 된다.

치료

❍ 오령산은 몹시 가렵고, 목이 마를 때 쓴다.
❍ 계지가황기탕은 경증에 유효하다.

야뇨증

부추밭

증상

야뇨증의 원인 중 9할은 심인성인 것이라고 한다. 무언
가에 대한 심리적 저항이 작용하여 신경실조를 일으키
게 함으로써 신경제어에 이상을 초래, 소위「오줌싸개」
가 되는 것이다.

치료

● 부추에 달걀을 넣고 조리한 음식을 평소에 자주 먹
이면 유효하다.
● 팥고물을 넣은 인절미를 잠자리 1시간 전에 먹이면
효과가 있다.
● 감꼭지를 달여 마시면 유효하다.
● 팥잎을 생으로 즙을 내어 마시면 매우 효과가 있다.
● 그늘에 말린 연잎 2매에 약간의 감초를 넣고 달여 3
회에 나누어 먹이면 유효하다.

홍역

증상

발진(도톨도톨하게 돋아나는 것)이 피부에 생기는 바이러스에 의한 전염병의 하나이다. 잠복기는 10~21일. 처음에는 열이 나고, 보채고, 재채기, 기침 등 마치 감기와 같은 증상으로 시작되는데, 이 병의 과정은 다음과 같은 3가지로 나눌 수 있다.

① 전구기(카타르기)

발병 후 3~4일간을 말한다. 발열과 동시에 신체의 곳곳에 있는 점막에 염증을 일으킨다. 즉 결막염을 일으키고, 눈이 충혈되고, 눈물이나 콧물을 흘리든가, 재채기와 기침이 나고, 가래가 나오든가 하는 증상이 나타난다.

② 발진기

발진은 귀 뒤, 목, 얼굴로부터 시작해서 마침내 온몸에 퍼진다. 이 발진은 처음에는 좁쌀 크기의 반점이던 것이 점점 커져서 서로 얽혀 불규칙한 반점을 사방에 형성한다.

③ 회복기

발진이 멈추면 열이 내리면서 회복기에 들어간다. 열은 1주일 정도면 평열로 되돌아가게 되고 발진도 차차 퇴

색하면서 사라진다.

치료

◑무즙 1순갈(큰 순갈)에 생강즙 한 방울과 약간의 간
장, 설탕을 넣은 다음 그것을 온수에 타서 먹이면 발진
이 잘 될 뿐만 아니라 가볍게 마칠 수 있다.

◑감귤 10개 가량을 200cc의 물에 넣어 약한 불로 반
량이 되게 달여 설탕을 가미하여 차 대신 먹인다. 발진
을 촉진시켜주면서 순조롭게 마칠 수 있게 하는 효과
가 있다.

◑찹쌀로 죽을 쑤어 먹이면 그 이튿날은 발진이 성해
진다. 발진이 더딘 홍역에 유효하다.

◑현미에 무와 우엉을 썰어 넣고 죽을 쑤어, 그 즙을
먹이면 속히 낫는다.

◑생 부추 뿌리를 물로 달여 먹이면 발진이 속하다.

◑껍질을 벗긴 호두 알맹이 2개와 사삼(한방약) 2돈을
함께 볶아 1홉의 물로 반량이 되게 달여 먹이면 유효
하다.

무공해 치료식품

2016년 8월 1일 초판 인쇄
2016년 8월 10일 초판 발행

편저자 홍문화 · 강월성
발행자 유 건 희
발행처 삼성서관

등 록 제300-2002- 153호
등록일 1997. 1. 8
주 소 서울 종로구 종로 50길 5-7(창신동)
　　　　 우일빌딩 401호
전 화 763-1258 / 764-1258

※ 잘못된 책은 바꿔 드립니다.

정가 10,000원